Sol Goldstein

Wie ein Schiff im Sturm

Aus dem kanadischen
Englisch übersetzt von
Renate Michel

BASTEI-LÜBBE-TASCHENBUCH
Band 61 126

1. Auflage 1988
2. Auflage 1990

Deutsche Erstveröffentlichung
Die Originalausgabe erschien unter dem Titel
MICHAEL'S SHIP bei Prentice Hall, Canada.
© 1986 by Sol Goldstein
© 1988 für die deutsche Ausgabe:
Gustav Lübbe Verlag GmbH, Bergisch Gladbach
Printed in Western Germany
Einbandgestaltung: Manfred Peters
Satz: Fotosatz Prechtl, Passau
Druck und Bindung: Ebner Ulm
ISBN 3-404-61126-8

Der Preis dieses Bandes versteht sich einschließlich
der gesetzlichen Mehrwertsteuer

Inhalt

›Wie ein Schiff im Sturm‹ hätte ohne die uneingeschränkte Kooperation und die Ermutigung von Michaels Eltern und Brüdern, deren Freundschaft mir so viel bedeutet, nicht geschrieben werden können.

Meine aufrichtige Anerkennung gilt meiner Agentin Lucinda Vardey und ihrer Partnerin Linda Turchin, die von Anfang an mit jedem Aspekt dieses Buches befaßt waren, und Paula Goepfert, die mir mit vielen Vorschlägen und wertvollem Rat zur Seite stand. Ich danke auch für die Beiträge von Iris Skeoch, Judy Keenan, Rosemary McMullen und Kathleen Niccols von Prentice-Hall, Kanada, die sich gewissenhaft mit allen Schwierigkeiten und Einzelheiten auseinandergesetzt haben, die die Veröffentlichung eines Buches mit sich bringt.

Ich danke meinen Lehrern in Psychiatrie, Kinderpsychotherapie und Psychoanalyse; besonders erwähnen möchte ich dabei den verstorbenen William Menninger sowie Karl Menninger, Cotter Hirschberg und Tarlton Morrow.

Mein tiefer Dank gilt meiner Frau Ruhama und meinen Kindern Benjamin, Rachel und David dafür, daß sie solch geduldige, hilfreiche und ermutigende Partner bei all meinen Unternehmungen waren.

Dies ist eine wahre Geschichte; nur die Namen der einzelnen Personen und Institutionen wurden geändert.

Für Myron, Berna, Mark und Anthony

Prolog

Alle Kinder haben ein Recht auf Gesundheit. Wenn sie zerstört ist, dann ist das natürliche Gleichgewicht durcheinandergeraten — das Kind kann nicht länger glauben, daß alles in Ordnung kommen wird. Das Kind wird vorzeitig mit den Schmerzen des Lebens konfrontiert, während Gleichaltrige die sorglosen Tage der Kindheit genießen.

Eine schwere Krankheit trifft vielleicht die Eltern eines Kindes am schwersten. Diesen beiden Menschen wurde das junge Leben anvertraut; sie haben die Aufgabe das Kind zu lieben, zu erziehen, zu versorgen und es vor allem zu beschützen. Aber bei einer fortschreitenden Krankheit des Kindes müssen die Eltern hilflos zusehen. Sie suchen den Beistand von Ärzten, die realistisch betrachtet, auch nicht weiterhelfen können. Und manche trösten sich mit Gebeten und dem Glauben an Gottes Weisheit.

Michaels Geschichte erzählt von Mut und Entschlossenheit. Sie ist insofern einzigartig, als sie sowohl den Kampf des Kindes gegen seinen Krebs beschreibt, als auch seine innersten Gefühle in Bezug auf seine Krankheit, ihre Behandlung und ihre Auswirkungen auf sein Leben. Als Michaels Psychiater und Freund kannte ich diese Gefühle und wurde Zeuge seines Kampfes.

Michael hatte keine signifikante psychologische Erkrankung, sondern begreiflicherweise eine Menge widerstreitender

Empfindungen in Bezug auf das, was mit ihm geschah. Als er zu mir kam, weigerte er sich noch, mit irgend jemand anderem als mit seinen Eltern zu sprechen. Er hatte sich von der Welt, die ihn umgab, zurückgezogen. Im Verlauf der Behandlung erforschten wir seine Gefühle, und schließlich war er in der Lage, mit ihnen umzugehen. Michael wurde wieder ein ausgeglichenes, begeisterungsfähiges Kind. Er wurde reifer, als es seinem Alter entsprach, und konnte so mit seiner Krankheit fertigwerden.

Normalerweise werden Kinder oder Erwachsene, die unter einer ernsthaften psychischen Erkrankung leiden, keiner intensiven Psychotherapie unterzogen. Die Einsichten, die in *Wie ein Schiff im Sturm* zutage treten, sind aber möglicherweise nicht nur denjenigen hilfreich, die unter einer solchen Krankheit leiden oder in irgendeiner Weise von ihr betroffen sind, sondern auch allen, die darum kämpfen, den Anforderungen des Alltags gerecht zu werden.

Ich möchte auch darauf hinweisen, daß die Medizin ständig Fortschritte macht und täglich neue Behandlungsmethoden entdeckt, so daß Kranke, die gestern noch als bedroht galten, heute auf eine bessere und morgen schon auf eine noch bessere Prognose hoffen dürfen.

Erster Teil:
Eine Mannschaft wird angeheuert

Ein stolzes Schiff liegt auf dem Meeresgrund. Ein klaffendes Loch in seiner Seite zeugt von der Gewalt feindlicher Bomber. Der Kapitän hat kaum Hoffnung, daß das Schiff je wieder seetüchtig sein wird. Endlich entschließt er sich, es wenigstens zu versuchen und das Schiff zu reparieren, damit es eines Tages vielleicht wieder auf große Fahrt geht.

Unsere erste Sitzung

Erst kürzlich, als ich meine Aufzeichnungen wieder durchschaute, wurde mir klar, von welcher Bedeutung das Datum des Tages war, an dem ich Michael zum ersten Mal traf. Ich hatte unser erstes Gespräch auf seinen Geburtstag gelegt. Ich hätte gerne gewußt, ob Michael an jenem Tag mit der Frage kämpfte, wie viele Geburtstage er noch feiern würde, aber jetzt ist es zu spät, das zu erfahren.

Als ich Michael im Wartezimmer begrüßte, saß er am äußersten Ende der Couch, so weit von der Tür entfernt wie nur möglich. Er war ein großer, schlanker Junge mit glattem, strohfarbenen Haar und blitzenden braunen Augen. Er sah aus wie andere Neunjährige auch, nur daß in seinem Schoß keine Hand, sondern ein Metallhaken ruhte. Seine Mutter, eine gutaussehende, hübsch angezogene Frau von ungefähr Dreißig, saß bei ihm.

»Michael«, sagte sie, um uns miteinander bekanntzumachen, »das hier ist Dr. Goldstein, unser Freund, von dem ich dir erzählt habe.«

»Hallo, Michael«, sagte ich, und wies mit der Hand in mein Sprechzimmer. »Würdest du bitte mit mir kommen? Deine Mutter wird hier auf dich warten und du siehst sie dann wieder, wenn wir fertig sind.«

Michael rührte sich nicht. Er starrte mich an.

Mrs. Gardener griff geschickt ein. Sie erinnerte Michael daran, daß ich nicht zu den Ärzten gehörte, die Spritzen gaben, sondern daß ich nur mit Kindern über ihre Probleme redete.

Michael rührte sich, aber nicht in der Absicht, mit mir zu gehen. Stattdessen rückte er näher zu seiner Mutter. Nach einigen Augenblicken wurde mir klar, daß er nicht mit mir kommen würde, und ich dachte über seine Gründe nach. Wie konnte ich ihn zur Zusammenarbeit ermutigen?

Die meisten Neunjährigen zögern nicht, ihre Eltern zurückzulassen und mit mir zu kommen. Michaels Weigerung zeigte, daß ihn irgend etwas tief verstörte. Ich wußte, daß er sich auch den Bemühungen seiner Lehrer widersetzte und oft zu Hause störrisch war. Sollte ich sein Benehmen einfach als Starrsinn auslegen, oder versuchen, es anders zu verstehen? Verdiente ein Kind, das in so jungen Jahren einem solchen psychischen und physischem Trauma ausgesetzt war, nicht mehr Verständnis als die simple Feststellung »Er ist störrisch«?

Warum war er so unzugänglich? Er hatte andere Ärzte in andere Räume begleitet, um seine Hand untersuchen zu lassen. Einmal hatte man ihm dabei gesagt, er klage nur deshalb über Schmerzen, weil er Aufmerksamkeit auf sich lenken wolle. Ein anderes Mal endete es damit, daß er einen Finger verlor, und schließlich hatte man ihm seinen Unterarm abgenommen. Mit zwei Armen hatte er den Operationssaal betreten, und mit nur einem Arm war er aufgewacht. Also mußte ihm bewußt sein, daß seine Krankheit in der Tat sehr schwerwiegend war, und vielleicht kämpfte er gerade mit dem Gedanken, daß er möglicherweise sterben mußte.

Diese Ursache für Michaels Unzugänglichkeit wurde schmerzhaft deutlich. Warum sollte er seine Mutter verlassen, um einen ihm nicht vertrauten Raum zu betreten, wo ein weiterer Arzt war, der versuchen würde, ihm zu »helfen?« Wahrscheinlich hatte er inzwischen beschlossen, nie wieder einem Fremden zu trauen, sich niemals in eine Situation zu begeben, in der er so schutzlos war. Selbst wenn ich die Art von Doktor war, die nicht operierte oder keine Spitzen gab, bestand nicht doch die Gefahr, daß ich seine Psyche so beschädigte, wie man seinen Körper schon beschädigt hatte? Würde ich ihm vielleicht das Gefühl rauben, Herr der Lage zu sein? Galt er vielleicht als »verrückt«, wenn er die Schwelle meines Sprechzimmers überschritt?

»In Ordnung, Michael!« sagte ich, »wenn du willst, kann deine Mutter mit in mein Sprechzimmer kommen und bei uns sitzenbleiben, bis du dich bei mir wohler fühlst. Wir können zusammen entscheiden, wann sie gehen soll.« Michaels Mutter nickte eifrig zustimmend. Michaels Antwort bestand darin, daß er sich erhob und seine Mutter in das Sprechzimmer begleitete. Dort setzte er sich auf den Teil der Couch, der am weitesten von mir entfernt war, kauerte sich in die Ecke und hielt den Haken direkt vor sein Gesicht. Sollte diese Position eine Warnung sein, nach dem Motto: »Paß auf, Doktor, ich kann dich damit verletzen!«? Oder war es ein Aufschrei: »Schau, ich bin schon verletzt. Ich will keine weiteren Verwundungen.«? Oder brachte der Haken das schweigende, aber vielsagende Flehen eines verzweifelten Kindes zum Ausdruck: »Sieh her, Doktor, hier ist mein Arm! Schau dir diesen Alptraum an! Siehst du diesen Schmerz? Kannst du machen, daß er weggeht? Versuch, ob du mich wieder ganz machen kansnt, ich bitte dich, ich fordere dich heraus, Doktor!«?

Mit meinen ersten Bemerkungen wiederholte ich ihm, was seine Eltern ihm schon erzählt hatten. Ich sagte, daß ich eine besondere Art Arzt sei, die mit Jungen und Mädchen über die verwirrenden Gedanken und Gefühle spräche, die sie vielleicht in sich verspürten. Zusammen würden wir versuchen, daran zu arbeiten, um das Leben ein bißchen leichter zu machen. Ich erklärte ihm, daß wir dabei ganz allein sein würden und daß seine Mutter bald gehen müsse, damit wir beginnen könnten.

Dann fragte ich ihn, warum er glaube, bei mir zu sein.

Keine Antwort.

Nachdem wir etwa eine Minute schweigend dagesessen hatten, schlug ich ihm vor, sich im Zimmer umzuschauen und mit den Dingen vertraut zu machen, um sich behaglicher fühlen zu können.

Michael rührte sich nicht.

Keinem Kind fällt die erste Sitzung leicht. Die meisten fürchten, daß ich sie völlig durchschaue. Sie glauben, daß ich schon bei unserer ersten Begegnung ihre Spannungen, ihre innersten Ängste, ihre aggressiven und sexuellen Bedürfnisse verstehe und daß ich sie verraten werde, indem ich das alles offenlege. Sie glauben, daß ich sie dazu bringe, Dinge zu sagen, die sie niemandem sonst sagen würden, und daß ich sie zwinge, ihre dunkelsten Geheimnisse zu enthüllen. Ich wußte, daß Michael solche und ähnliche Gedanken hatte und daß sein Haken ihn ständig daran erinnerte, was ihm das Leben angetan hatte. In seiner Welt konnte niemand seinem Zorn entrinnen — weder seine Eltern, noch seine Brüder, weder seine Freunde noch seine Lehrer und ganz gewiß nicht seine Ärzte. Ich würde mich sehr anstrengen müssen, um sein Vertrauen zu gewinnen, denn ohne Vertrauen konnten wir nichts erreichen.

Ich hatte nicht erwartet, daß er mir bei unserer ersten Begegnung sein Vertrauen schenken würde, aber ich war nicht auf seine Entschlossenheit vorbereitet, mir *nichts* zu geben. Als ich ihn fragte, ob er mir vielleicht gerne etwas über sich selbst erzählen wolle — zum Beispiel, wo er lebte, wie das Haus aussah, in dem er wohnte oder etwas von seinen Eltern, seinen Geschwistern und Freunden —, schwieg er erneut, erbarmungslos. Mit jedem mißglückten Anfang wuchs die Anspannung, und ich war zunehmend besorgt, daß Michaels Mutter an meiner Fähigkeit, ihrem Sohn zu helfen, zweifelte. Sie fragte sich vielleicht, ob ihm überhaupt jemand helfen konnte.

»Es passiert ziemlich oft, Michael«, begann ich, »daß Kinder Schwierigkeiten haben, mit mir zu reden. Sie fürchten, daß ich vielleicht nicht hören will, was sie zu sagen haben, oder daß ich vielleicht nicht verstehe, was sie empfinden. Manchmal denken Kinder sogar, daß ich sie dazu bringen will, Dinge zu sagen, die sie niemandem erzählen wollen. Vielleicht möchtest du, Michael, heute überhaupt nicht reden. Das ist in Ordnung.« Ich zeigte auf den Teil des Raums, in dem ich mit jüngeren Kindern Spieltherapie mache. »Vielleicht möchtest du dir lieber ein paar von diesen Sachen anschauen. Wenn du magst, kannst du damit spielen.«

Michael sprach immer noch nicht mit mir. Er schüttelte nur den Kopf, um anzudeuten, daß er nicht spielen wollte. Eine immerhin willkommene, aber auch irgendwie verwirrende Antwort, denn wenige Kinder verzichten auf die Gelegenheit, die direkte Diskussion ihrer Probleme zu vermeiden. Ich suchte nach einer Erklärung. Vielleicht weigerte er sich, um seiner Mutter zu zeigen, daß er eines wußte: Er war nicht hier, um zu spielen. Es war auch möglich, daß ihn seine zur Gewohnheit gewordene Widerspenstigkeit hinderte, oder die Furcht hatte ihn so überwältigt, daß ihm zum Spiel die psychische Energie fehlte. Irgendwie hatte ich aber das Gefühl, daß uns Michael mitteilen wollte, daß er nicht zum Spielen hier war, sondern um zur Sache zu kommen. Er wollte nicht zulassen, daß diese Sitzung »verspielt« wurde. Vielleicht hatte er mir etwas zu sagen, wenn er sich nur von seiner Mutter lösen konnte. Nach einer weiteren Pause fragte ich ihn, ob er sich wohler fühlen würde, wenn seine Mutter den Raum verließ. Als er darauf nachdrücklich verneinend den Kopf schüttelte, beeilte ich mich zu versichern, daß ich nicht meinetwegen gewollt hatte, daß seine Mutter den Raum verließ, sondern nur, weil ich dachte, daß er vielleicht bereit war, sie gehen zu lassen.

Langsam gingen mir die Einfälle aus. Mir blieb nur noch eine Idee, mit der ich es versuchen wollte. Der Grund dafür, daß Michael zu mir gebracht wurde, lag zum Teil in seiner Unfähigkeit, sich verbal auszudrücken, aber vielleicht war er in der Lage, sich in einem Bild mitzuteilen. Wenn er dazu fähig war, würde ich nicht nur etwas erfahren, sondern ihm dadurch vielleicht auch etwas geben. Mit einer Zeichnung zu sprechen, würde vielleicht sein Selbstwertgefühl stärken und ihn zu einem aktiven Glied unserer Beziehung machen. Er würde etwas Konkretes und Bedeutsames in der Hand halten — etwas, von dem er selbst entscheiden konnte, ob er es behalten oder mir geben wollte. Beide Faktoren würden ihm das Gefühl geben, die Kontrolle über die Situation zu haben. Darüber hinaus würde der Vorgang des Zeichnens die Spannung abbauen, die durch seine Unzugänglichkeit entstanden war.

Da ich Michael nicht mit unerwarteten Bewegungen erschrecken wollte, kündigte ich Schritt für Schritt an, was ich tun wollte, als ich mich von meinem Stuhl erhob, um ihm Papier, Bleistifte und Buntstifte zu holen. Ich bemerkte, daß er mich aufmerksam beobachtete, obgleich er sich nicht von seinem Sitz rührte. Ich nahm eine Handvoll Blätter, genug Material für den Fall, daß Michael mehrere Zeichnungen anzufertigen wünschte, aber nicht so viel, daß er fürchten mußte, ganze Serien von Bildern herstellen zu müssen. Ich breitete die Blätter vor ihm aus. Er saß bewegungslos da und starrte auf das Papier, aber ich hatte das Gefühl, daß wir uns allmählich unserer gemeinsamen Aufgabe näherten.

Mit dieser Aufgabe waren meine Gedanken für die nächsten Augenblicke beschäftigt. Ich bemühte mich, geduldig zu sein und Michael Zeit zu geben, sich zu entscheiden, ob — und wenn ja —, was er zeichnen wollte.

Michael hatte Krebs, und mir war deutlich bewußt, daß das, was ich mit ihm erreichen wollte, nur unter Schmerzen und Schwierigkeiten zustande kommen würde. Wir mußten lernen, einander genug Vertrauen zu schenken, um an Michaels bestürzende und erschreckende Erfahrung heranzukommen und an seine Ängste vor der Zukunft. Es ist eine Sache, einem Kind dabei zu helfen, die Ängste zu überwinden, die es als Folge von Phantasievorstellungen hat; etwas anderes ist es, einem Jungen zu helfen, der seine Befürchtungen, verletzt zu werden an seinem Körper bestätigt sieht und für Michael war sein Haken eine solche Bestätigung. Meine Arbeit als Psychiater besteht normalerweise darin, Kindern dabei zu helfen, Schmerz zu vermeiden und Unglück zu überwinden; in Michaels Fall mußte ich helfen, sich dem Schmerz und dem Unglück zu stellen. Das würde schwierig werden für mich — und noch schwieriger für Michael. Darüber hinaus würden weder Michael noch ich für die Dauer dieser Aufgabe wissen, ob oder wann dieser Prozeß vorzeitig abgebrochen werden würde.

Michaels Mutter hatte sich offenbar seelisch vorbereitet auf das, was hier geschah. Sie hatte kein Wort gesprochen, seit wir mein Sprechzimmer betreten hatten, aber ihr Gesicht war von Hoffnung beseelt. Ihr Schweigen war Ausdruck von Geduld, Verstehen und Vertrauen in uns beide, in Michael und mich. Mir wurde schmerzhaft bewußt, wie sehr sie diese Qualitäten in den kommenden Jahren — falls es noch Jahre waren — brauchen würde. Sie litt darunter, ihren ältesten Sohn an Krebs erkrankt zu sehen und nicht zu wissen, wie sie ihm helfen konnte. Ich wußte es auch nicht, und Michaels Schweigen unterstrich unser beider Hilflosigkeit.

Manchmal wünschte ich, die Familie Gardner nie kennengelernt zu haben oder ihr nun, da ich sie schon kannte, wenigstens ein so trauriges Schicksal ersparen zu können. Aber wenn ich den Gardners im Verlauf der nächsten Jahre helfen wollte, mußte ich die kommenden schweren Zeiten mit ihnen durchleiden und gleichzeitig über diesen Nöten stehen, um Michael und seinen Eltern mehr als Mitgefühl und Mitleid entgegenbringen zu können. Ich mußte das richtige Maß zwischen Mitleiden und Objektivität finden, um ihnen helfen und mich selbst zu schützen vor der emotionalen Schwäche, die sich aus diesem Engagement zweifellos ergeben mußte.

Ich weiß nicht, was Michael in diesen Augenblicken dachte, aber ich habe keine Zweifel, daß die Wahlmöglichkeiten, die ihm die leeren Blätter boten, wichtig waren. Er starrte lange Zeit auf das Papier, bis ich das Gefühl hatte, eingreifen zu müssen.

Ich fragte ihn, ob er das Bild eines Hauses für mich malen wolle. Farbe, Form, Einzelheiten und vor allem Bewohner eines Hauses konnten für mich wichtige Informationen liefern; diese Elemente würden enthüllen, was Michael in Bezug auf sich selbst und auf seine Familie empfand und wie sehr er sich darauf verließ, daß sie ihn vor Unheil schützte. Wieder schüttelte er verneinend den Kopf. Ich fragte ihn, ob er gerne das Bild eines Baumes malen wollte. Das Blattwerk, die Farben und andere Einzelheiten seines Entwurfs würden mir Aufschluß geben. Trug der Baum Früchte oder nicht, starb er ab oder war er sehr gesund? Michael war auch an dieser Aufgabe nicht interessiert.

»In Ordnung, Michael«, sagte ich, »wir versuchen es noch einmal. Wie wäre es, wenn du mir das Bild eines Menschen malen würdest?« Hier konnte vielleicht die Größe der Zeichnung, die Plazierung der Figur und der Typ der dargestellten Person etwas über Michaels Vorstellung von sich selbst aussagen. Aber wieder war mein Vorschlag vergeblich. Michael wollte mir keinen Menschen malen.

»Also, Michael«, sagte ich, »da das hier eine Sache ist, die uns beide angeht, kann ich vielleicht anfangen zu zeichnen. Ich sage dir, was ich tun werde. Ich zeichne den ersten Teil, und du zeichnest den nächsten Teil, und zusammen können wir ein Bild machen.« Michael rutschte ein wenig hin und her, und ich dachte, daß wir vielleicht Fortschritte machten, also zeichnete ich ein paar Striche, reichte ihm das Papier und wartete darauf, daß er weitermachte. Er tat es nicht.

Die Hälfte der Sitzung war inzwischen vorüber, und ich hatte das Gefühl, daß wir einen großen Teil des Potentials in unserer Beziehung verlieren würden, wenn wir nicht bald Kontakt zueinander fanden. Ich lehnte mich in meinem Sessel zurück und sagte: »Michael, du schaffst es prima, mich abblitzen zu lassen. Deine Mutti und dein Vati haben mir erzählt, wie du dich weigerst, mit deinen Lehrern zu reden oder in der Schule zu arbeiten. Also, Michael, es ist leicht für dich, mich abzublocken. Aber ich weiß auch, und du weißt es ebenfalls, daß es nicht leicht ist, das, was dich bekümmert abzublocken. Ich würde dir gerne bei dem, was dich bekümmert, helfen. Aber das kann ich nur, wenn du dir auch selbst hilfst — denn hier bist du die Hauptperson.« Wir saßen wieder einen Augenblick still da; dann fuhr ich fort: »Michael, wenn es überhaupt irgend etwas gibt, das du zeichnen oder sagen möchtest, dann würde ich es wirklich gut finden, wenn du es jetzt tätest.«

Zu meiner Überraschung ließ er sich vor dem Couchtisch auf die Knie nieder und beugte sich nach vorn, während er ein Blatt Papier aussuchte. Er legte seinen Ellenbogen auf das Papier und umklammerte mit seiner linken — seiner einzigen Hand einen Bleistift. Der Bleistift senkte sich auf das Papier, und der Druck der ersten Striche war so gewichtig, daß das Papier auf dem Tisch herumrutschte. Michael war mit dem ganzen Körper an diesem Unternehmen beteiligt. Seine Schultern schienen sich unter der Last der Anstrengung zu senken, seine Zunge glitt nervös über seine Lippen, und die angespannte Konzentration seiner Gesichtszüge spiegelte die Ernsthaftigkeit, mit der er sich um das entstehende Werk bemühte.

Sein Bild stellte ein Kriegsschiff auf hoher See dar. Das Kriegsschiff hatte seine Kanonen auf ein anderes Schiff abgefeuert, das jetzt unter Wasser war, gesunken, mit einem großen klaffenden Loch in der Seite. Explosionen, die mit ›Puff‹ und ›Bumm‹ beschriftet waren, wühlten die Wasseroberfläche auf. Es gab keine Farbe auf dem Bild. Michael hatte die in seiner Nähe liegenden Buntstifte ignoriert und sich mit Schwarz begnügt. Die Zeichnung drückte eine Menge Aktion, Aggression und Verletztheit aus. Es war, als rollte vor unseren Augen ein ganzes Schauspiel ab.

Ich fühlte meine Anspannung, während Michael zeichnete, und bemerkte, daß seine Mutter ebenfalls ganz von seiner Aktion in Anspruch genommen war. Wir waren alle drei ganz konzentriert. Michaels Zeichnung war eine klare Botschaft seiner Gefühle in Bezug auf sich selbst. Sie war eine Mitteilung, die sich benutzten ließ, wenn er nur meine Erklärungsversuche akzeptierte. Als er fertig war, empfand ich eine seltsame Aufregung. Etwas Positives hatte sich ereignet, denn jetzt reichte er mir die Zeichnung und ließ mich damit wissen, daß er sich auf unser Vorhaben einließ. Der erste Schritt war getan zu einer Beziehung, auf deren Grundlage wir zusammenarbeiten konnten. Mrs. Gardners Feingefühl in diesem Augenblick berührte mich sehr; sie wandte sich zu Michael und sagte: »Michael, ich lasse dich jetzt hier und werde draußen auf dich warten.« Er nickte ihr beiläufig zu und schickte sich an, mit mir an die Arbeit zu gehen. Die Therapie hatte begonnen.

In den meisten Fällen nehme ich mir bei einem neuen Patienten vier oder fünf Sitzungen Zeit, um ihn richtig einzuschätzen. Ich achte auf seine Stärken und Schwächen, auf die Bereiche, an denen gearbeitet werden muß, und auf das gemeinsame Potential für eine erfolgreiche Arbeit. Bei Michael war jedoch klar, daß ich kaum die Wahl haben würde. Seine Eltern hatten mir deutlich zu verstehen gegeben, daß sie keinem anderen Psychiater erlauben würden, ihren Sohn zu behandeln. Ohne mich wollten sie einfach das tun, was zu Hause möglich war, aber uns allen war bewußt, daß Michael eigentlich fachmännische Hilfe brauchte. Mir wurde klar, daß die Einschätzung in der ersten Hälfte der Sitzung stattgefunden hatte, aber nicht durch mich, sondern durch Michael, der mich abgeschätzt hatte. Seine Zeichnung gab mir Grund zu der Hoffnung, daß ich den ersten Teil des Tests bestanden hatte.

Was hatte er mit dieser Zeichnung zum Ausdruck gebracht? Es war offensichtlich, daß das Bild direkt damit zu tun hatte, wie Michael sich selbst sah. Er fühlte, daß er ertrank oder unterging. Er selbst war das gesunkene Schiff auf dem Bild. Jemand mit einer großen gefährlichen Kanone hatte seinen Körper aufgerissen und war schuld daran, daß er unterging. Die erste Schlacht gegen diesen Feind hatte er verloren. Mir kamen noch viele weitere Überlegungen. Ohne seinen Arm mußte er sich verstümmelt fühlen; vielleicht sah er seinen Körper von einer tödlichen Krankheit geplagt, vielleicht sah er sich selbst nicht länger als aktiv, beweglich oder auch nur lebenstüchtig an. Die Zeichnung offenbarte auch feindselige Gefühle, die sich nicht nur gegen Michaels Chirurgen und gegen seinen Vater richteten, sondern auch gegen mich. Doch in diesem frühen Stadium war es unmöglich, die einzelnen Bestandteile noch eingehender zu analysieren.

Die tatsächliche physische Verletzung, die Michael erfahren hatte und von der sein Haken Zeugnis ablegte, verursachte ein anderes, gleichermaßen reales psychisches Leiden, das er ertragen lernen mußte. Nach den Lehren der Psychoanalyse setzt das Unbewußte Verletzungen an einem Teil des Körpers mit Beschädigungen der Sexualorgane gleich und faßt sie daher als einen Angriff auf die körperliche Identität des Opfers auf. In seinem Alter war Michael sich dessen nicht auf spezifische Weise bewußt; er wußte nur, daß er sich von anderen auf verschiedene Art außerordentlich verletzt fühlte. Gleichwohl reagierte er auf den Verlust eines Gliedes auf sehr instinktive Weise. Die atemberaubende Gewalttätigkeit, die Michaels Zeichnung zum Ausdruck brachte, wies sehr stark darauf hin, daß er das Gefühl hatte, nicht länger ›ganz‹ zu sein — ein Gefühl, das ihn sehr einschneidend sein Leben lang begleiten würde. Was Michael jetzt am meisten brauchte, war eine Person, die mit ihm fühlte, die ihm half, mit dem Bild fertigzuwerden, das er von sich hatte — ein nutzloses Stück Schrott, das in einem Meer verwirrender und überwältigender Gefühle versunken war.

Ich fragte Michael, ob es ihm lieber wäre, daß ich mein eigenes Bild malte, oder ob er mir erlaubte, seinem Bild etwas hinzuzufügen. Eifrig nickte er seine Zustimmung zu dem zweiten Vorschlag, und ich begann zu zeichnen. Ich entwarf am Horizont ein weiteres Schiff, aus dem sich ein Taucher zu dem gesunkenen Schiff herunterließ. So hoffte ich, die Reparaturen an dem Loch in der Schiffsseite beginnen zu können. Aber noch bevor ich so weit kam, hatte Michael eine Überraschung für mich. Er sprach.

»Was für eine Art Schiff ist das?«

»Ein freundliches Schiff!«

»Hat es Kanonen?«

»Ja, Michael, es hat Kanonen, aber nicht, um damit auf das Schiff unter Wasser zu schießen. Dieses Schiff ist auf derselben Seite wie das gesunkene Schiff. Es ist hier, um es zu beschützen und wieder in Ordnung zu bringen.«

»Es kann nicht wieder in Ordnung gebracht werden!« war seine Antwort.

»Warum nicht?«

»Weil es nie wieder so wie neu sein kann!«

»Da hast du recht, Michael«, sagte ich. »Es wird nie wieder so gut wie neu sein. Aber wenn wir unsere Arbeit gut genug machen, dann können wir es in Ordnung bringen und wieder seetüchtig machen.«

Dann wollte er wissen, ob wir auch die nötige Ausrüstung haben würden, um das reparierte Schiff vom Meeresgrund heben zu können. Ich erklärte ihm, daß alle Winden, Haken und Taue vorhanden wären, um das Schiff nach oben zu holen, aber daß das harte Arbeit erfordern würde. Ich fragte ihn, ob er mir dabei helfen wollte. Er sagte, das würde er tun, und ich gab ihm die Zeichnung zurück.

Inzwischen saßen wir Seite an Seite. Während er mein Schiff veränderte, indem er es ein wenig größer machte und einiges an Ausrüstung hinzufügte, womit die Taue und Haken nach unten gelassen werden konnten, sagte er, er wisse nicht, ob das gesunkene Schiff wirklich gehoben werden könne. Und selbst wenn die Hebung erfolgreich sein würde, war er nicht sicher, ob es wieder seetüchtig sein konnte.

»Wenn wir es dort unten lassen«, erwiderte ich, »dann wird es ganz sicher nutzlos sein.« Ich sagte, daß wir uns Mühe geben müßten, es zu heben, und wenn wir das schafften, dann könnten wir es auch wieder seetüchtig machen, da wäre ich ganz sicher.

Zu Beginn der Sitzung hatte eine sehr angespannte Atmosphäre geherrscht und nun lag Erleichterung in der Luft. Ich wußte, daß sich dieses Gefühl größtenteils in mir abspielte, aber ich konnte auch feststellen, daß mein einstiger Gegner jetzt zu meinem Partner wurde. Wir würden darauf hinarbeiten, dieses Schiff seetüchtig zu machen, auch wenn wir wußten, daß wir das große klaffende Loch nur notdürftig reparieren konnten. Wie lange würde das Pflaster halten? Wozu war das reparierte Schiff imstande, bevor die Flickstelle erneut nachgab?

Ich sagte Michael, daß ich ihn gerne mindestens einmal pro Woche treffen würde, und später, sobald wir es beide einrichten konnten, dreimal in der Woche. Ich sprach über seine schulfreie Zeit, und ohne daß ich ihn dazu drängte, teilte er mir mit, die Schule sei um drei Uhr nachmittags, aber sicher habe seine Mutter nichts dagegen, ihn ein wenig früher abzuholen, damit er rechtzeitig um 3.30 Uhr zu dem Termin kommen konnte, den ich ihm anbot. Ich schrieb seinen Namen, die Stunde und den Tag der nächsten Sitzung auf eine meiner Terminkarten und gab sie ihm. Er nahm sie und versprach, zu mir zu kommen. Als ich Michael fragte, ob er die Zeichnung lieber in meiner Praxis lassen oder mitnehmen wolle, sagte er, er wolle sie lieber bei mir lassen. Darüber war ich sehr glücklich. Ich ging wohl mit Recht davon aus, daß dieses Bild nun ein Bezugspunkt war, auf den wir im Verlauf unserer gemeinsamen Arbeit wieder und wieder zurückkommen würden. Ich zeigte ihm eine Schublade in meinem Schrank und erklärte, dies solle seine spezielle Schublade sein. Hier würden wir Bilder und sonstige Gegenstände unserer gemeinsamen Arbeit aufbewahren, in einer Schublade, die nur für ihn und mich da sein sollte. Und ich sagte ihm auch, daß alles, was wir besprechen würden, geheim und nur uns beiden bekannt bleiben sollte, solange er nicht selbst den Entschluß fassen würde, anderen Leuten davon zu erzählen. Er stand ganz nahe bei mir, schaute mich an und nickte ernsthaft. Das war der Anfang einer Partnerschaft und das Ende unserer ersten Sitzung.

Wie Michael zu mir kam

Ich machte Michaels Bekanntschaft, weil ich mit seinem Vater befreundet war. Zuerst begegnete ich Mr. Gardner in seiner Eigenschaft als Leiter der Bank in der Nähe meiner Praxis. Ich hatte gerade erst meine Praxis aufgemacht und noch keine Erfahrung mit den Diensten einer Bank. Mr. Gardner war mehr als nur ein Bankmanager, dieser große warmherzige, feinfühlige Mann sprengte bald die Grenzen einer bloßen Geschäftsverbindung. Seine wertvollen Ratschläge zur Finanzierung meiner Praxis endeten in einem Gespräch über unsere Vergangenheit.

Wir stellten viele Gemeinsamkeiten fest. Ich hatte einen beträchtlichen Teil meines Lebens in einer Stadt an der Ostküste Kanadas verbracht und dort das Leben der Bergarbeiter und Fischer sehr genau studiert.

Ich hatte die Auswirkungen von Minenunglücken kennengelernt, Schicksalsschläge, von denen so kleine Gemeinden völlig auf den Kopf gestellt wurden und beobachtete, wie die Einwohner, von denen viele Nachbarn und Freunde waren, den plötzlichen Tod naher Angehöriger betrauerten. Und als praktischer Arzt hatte ich viele Patienten, deren Verwandte auf See geblieben waren, in unvorhergesehenen Fluten und Stürmen, die nur allzu oft das Leben der Fischer forderten.

Mr. Gardner war in einem Fischerdorf geboren und aufgewachsen, das nur hundertfünfzig Kilometer von meiner Stadt entfernt lag. Immer wieder sprachen wir lange über die Schön-

heit dieser Gewässer, über die Herausforderung, die sie dar-
stellten, über ihre Gefahren und Tücken. Wir waren beide beeindruckt von der Gewalt der See, aber keiner von uns hatte
wie die meisten unserer Altersgenossen das Leben gewählt, das
sich in unseren Heimatstädten bot. Er war fortgegangen, um
bei einer Bank zu arbeiten; ich war fortgegangen, um meinem
Interesse an der Beschäftigung mit der menschlichen Psyche
nachzugehen. Mein Vater war Rabbiner gewesen, sein Vater
Laienprediger. Wir sprachen über den Glauben an ein höheres
Wesen, der den Menschen Hoffnung gab und sie vor Verzweiflung bewahrte. Er beschrieb seine Reaktionen auf die Tragö-
dien, die sich abspielten, wenn die Fischer seines Heimatorts
nicht von See zurückkamen. Er tat es mit großer Empfindsam-
keit.

Während seiner Tätigkeit bei der Bank lernte er eine Ange-
stellte kennen, die später seine Frau wurde. Auch sie war von
ihrer Herkunft eng mit der See verbunden, denn sie war auf
den Westindischen Inseln geboren und aufgewachsen. Er
sprach liebevoll und mit beträchtlichem Respekt von ihr. Sie
hatten drei Söhne, und seine Frau schaffte es, mit ihnen allen
fertig zu werden. Er ging immer gern zu ihr nach Hause und
spielte mit den Jungen — rauhe, übermütige Spiele, denn sie
waren alle voller Energie und stets zu Streichen aufgelegt.

Mr. Gardner und ich trafen uns gelegentlich zum Mittagessen, aber es ergab sich nicht, daß ich die übrige Familie persön-
lich kennenlernte. Allerdings lernte ich sie auf andere Weise
kennen — durch seine Augen. Es war eine lebhafte, aktive Familie, und Mr. Gardner sprach bewundernd von Mrs. Gardner, die sowohl eine außergewöhnliche Ehefrau wie Mutter zu
sein schien. Bei einem dieser Treffen zum Mittagessen erzählte
mir Mr. Gardner von Michael, seinem mit achteinhalb Jahren
ältesten Sohn. Ich hörte mit wachsendem Entsetzen von den
Schmerzen in Michaels Hand, dann von der Zyste, die sich ge-

bildet hatte und schließlich von der Amputation des Arms. Doch nach der Schilderung der Fakten scheuten wir beide davor zurück, weiter über diese Tragödie zu reden. Stattdessen sprachen wir über den Lehrer, der Michael einmal gedroht hatte, er würde noch seinen Daumen verlieren, wenn er nicht aufhörte, daran zu lutschen. Es hatte sich um den Daumen an der Hand gehandelt, die später amputiert wurde. Wir diskutierten, welche Wirkung diese harmlose Bemerkung aus psychologischer Sicht später bekommen hatte, als die Hand operiert werden mußte, und wir erörterten die Frage, ob der Junge die Operation möglicherweise als Angriff auf seine Männlichkkeit verstanden hatte. Aber da ich zu dieser Zeit nur Mr. Gardner kannte, wollte ich keine Stammtisch-Psychiatrie betreiben. Allerdings hatte ich in jener Nacht beträchtliche Schwierigkeiten einzuschlafen.

Die darauffolgenden Sommerferien verbrachte ich in Israel. Am Tag meiner Rückkehr saß ich in meiner Praxis und dachte über meine eigene Position nach. Ich fragte mich, ob ich wirklich in der Lage war, Leuten zu helfen, die mit schwerwiegenden psychologischen Problemen zu kämpfen hatten. Ich verglich meine Patienten mit einigen Israelis, die ich kennengelernt hatte: junge Soldaten, die Leib und Leben für die Verteidigung ihres Vaterlandes aufs Spiel setzten; Eltern, die ihre Kinder, und Ehefrauen, die ihre Männer verloren hatten. Ich dachte auch darüber nach, wo ich nützlicher sein konnte, in Toronto oder in Israel.

Während ich diese persönliche Bestandsaufnahme machte, erhielt ich einen Anruf von Mr. Gardner. Er klang außerordentlich sorgenvoll und sagte mir, daß er mit mir über Michael reden wolle. Wir verabredeten, uns am gleichen Tag nach der Arbeit zu treffen. Als ich meine Praxis verließ, fragte ich mich, was wohl geschehen war. Was wollte er mir von Michael erzählen?

Die Neuigkeiten waren niederschmetternd. Nicht nur, daß der Junge nicht mit seinem Unglück zurechtkam, er benutzte es als zerstörerische Waffe. Er weigerte sich, mit irgend jemandem außer den engsten Familienmitgliedern zu sprechen, ignorierte bisweilen selbst diese und sprach zeitweise kein Wort. Schließlich erklärte Mr. Gardner, er und seine Frau seien zusammen mit dem Arzt zu der Ansicht gekommen, daß eine Psychotherapie Michael möglicherweise helfen könne, da er allem Anschein nach Probleme hatte, seine Gefühle zum Ausdruck zu bringen. Er sollte psychologische Hilfe bekommen für die Auseinandersetzung mit dem, was hinter ihm lag, was er eben jetzt durchmachte, und was ihm in der Zukunft bevorstand.

Ein Prinzip, das an medizinischen Hochschulen gelehrt wird, besagt, daß man Mitglieder der eigenen Familie nicht behandeln kann und es auch nicht versuchen sollte. Die Psychiater, die mich ausbildeten, dehnten diesen Bann auch auf Bekannte, Freunde und deren Familienmitglieder aus. Für dieses Prinzip gibt es sehr gute Gründe: Um in die Psyche eines Menschen einzudringen, muß ein Therapeut oft Barrieren durchbrechen, die der Patient aufbaut, um den Blick zu verstellen, auf das, was wirklich vorgeht. Das erfordert eine gewisse Objektivität und bisweilen völliges Unbeteiligtsein — unschätzbare Vorteile, die aber unerreichbar sind, wenn man es mit den eigenen Freunden zu tun hat. Außerdem setzt man die Freundschaft und — was noch wichtiger ist — den Erfolg der Therapie aufs Spiel.

Der Wunsch der Familie Gardner, Michael zu behandeln, war für mich also außerordentlich problematisch. Erstens widersprach er den anerkannten Regeln ärztlicher Klugheit. Zweitens war ich nicht sicher, ob ich die gefühlsmäßigen Belastungen ertragen würde, die sich aus dieser Veränderung unserer Beziehung ergeben mußten. Drittens zweifelte ich daran,

Michael und seiner Familie auch wirklich helfen zu können.

Ich beschloß den Gardners einen anderen Psychiater zu empfehlen und erinnerte Mr. Gardner an meine früher schon zum Ausdruck gebrachte Überzeugung, daß es unmöglich sei, die Mitglieder der eigenen Familie oder Freunde zu behandeln. Seine Antwort auf mein Angebot war ein nachdrückliches ›Nein‹. Die Gardners hatten entschieden, daß ich Michaels Therapeut sein sollte und wollten niemanden sonst in Betracht ziehen. Sollte ich ihnen helfen? Ich bat um einen Tag Bedenkzeit.

Ich dachte an das, was vor mir lag, wenn ich mich entschloß, den Gardners zu helfen. Sie hatten sich an mich gewandt, weil sie an Michaels Fähigkeiten zweifelten, mit seinem Schicksal allein fertig zu werden, und weil sie das Gefühl hatten, selbst Hilfe zu brauchen, um diese Situation zu bewältigen. Sie wünschten, daß Michael trotz der Amputation so normal wie möglich weiterlebte. Mit seiner wachsenden Zurückhaltung brachte er zum Ausdruck, daß er sich vor anderen schützen und mit den Dingen allein fertig werden wollte. Seine selbstauferlegte Isolation entfremdete ihn von eben den Menschen, deren Unterstützung und Beistand er brauchte. Um ihm zu einer einigermaßen normalen Entwicklung zu verhelfen, mußte ich herausfinden, was er als Grund für sein Unglück betrachtete, ob er eine Person dafür verantwortlich machte und wenn ja, welche. Ich mußte ihn ermutigen, seine Empfindungen für seine Nächsten und deren Einfluß auf sein Leben zu überprüfen. Wir würden eine andere Möglichkeit für ihn finden müssen, als den bloßen Rückzug vor seinem Schmerz und seiner Frustration. Am allerwichtigsten war, daß ich ständig daran arbeitete, für ihn ein neutrales, zustimmendes und verständnisvolles Gegenüber zu sein, das ihm den Vorstoß ins Unbekannte ermöglichte.

Einer der Lehrer, die ich während meiner Ausbildung am

meisten geschätzt hatte, war William Menninger gewesen. Er übte einen starken Einfluß auf mein Leben und meine Art zu denken aus. Als Michaels Vater zu mir kam, war Menninger wieder sehr lebendig in meiner Erinnerung, obgleich er schon seit fast fünf Jahren tot war. Als ich aus der Praxis nach Hause fuhr, und mich fragte, was ich tun sollte, wurde mir klar, wie sehr ich ihn brauchte. Die Gedanken an ihn halfen mir, denn mir fiel ein, daß er einmal gesagt hatte: »Denk immer an deine eigene Entwicklung, Sol. Du bist als menschliches Wesen geboren worden, dann wurdest du zum Arzt, und jetzt bist du dabei, Psychiater zu werden.« Jetzt war es offenbar an der Zeit, ein menschliches Wesen zu sein. Ich konnte nur hoffen, daß meine psychiatrische Erfahrung mir helfen würde, den Bruch eines Grundprinzips zu überwinden, und mich befähigte, Michael und seinen Eltern zu helfen.

In mehreren Diskussionen mit Michaels Eltern erfuhr ich, wie Michael zu dem verkrüppelten, bisweilen stummen Geschöpf geworden war, dem ich gegenübertreten sollte. Ich hörte, daß sein Leben als ihr Erstgeborener so vielversprechend begonnen hatte, wie Eltern sich das nur wünschen konnten. Kriechen, Gehen und Sprechen zu lernen war ihm leichtgefallen in einer Familie, in der Gesundheit, Lachen, gutgeplante Streiche und geräuschvolle Aktivitäten als selbstverständlich galten. Die Geburt seines Bruders Mark, als Michael vierzehn Monate alt war, hatte nicht mehr und nicht weniger als das übliche Maß an Interesse und Eifersucht zur Folge. Das Ende dieser schönen Tage kam nach und nach, im Verlauf einer langen Zeit.

Kurz nachdem Michael drei Jahre alt geworden war, beklagte er sich bei seiner Mutter über Schmerzen im rechten Handrücken. Mrs. Gardner untersuchte seine Hand und konnte nichts Ungewöhnliches feststellen. Jedoch jedesmal, wenn sie die Hand wusch oder berührte, schrie er vor Schmerz auf. Darüber beunruhigt, ging sie mit Michael zum Arzt, der ihr versicherte, es bestehe kein Anlaß zur Sorge.

Nichtsdestoweniger war der Schmerz weiterhin da, und so blieb auch Mrs. Gardners Beunruhigung. Im Lauf der nächsten zwei Jahre wurde Michael verschiedentlich zum Arzt gebracht, damit seine Hand untersucht würde. Jedes Mal beobachtete Mrs. Gardner, wie der Arzt energische Untersuchungen vornahm und die Hand so bewegte und drückte, daß sie sicher war, Michael würde schreien; aber ihr kleiner Sohn zuckte nicht mit der Wimper. Immer schon ein Stoiker, ließ Michael nicht erkennen, welche Schmerzen er verspürte.

Die Arztbesuche verschafften keine Beruhigung, und Mrs. Gardner lebte unter dem Druck beständiger Zweifel und Befürchtungen, weil Michael weiterhin schmerzhafte Reaktionen zeigte, wenn sie seine Hände wusch. Obgleich er weiterhin ein lebhaftes, gesundes und unternehmungslustiges Kind war, wurde sie von der Frage gequält: »Warum der Handrücken? Irgend etwas ist nicht in Ordnung!«

Dann bemerkte Mrs. Gardner ein alarmierendes Zeichen. Sie glaubte, einen kleinen Knoten an der Stelle entdeckt zu haben, wo der Schmerz saß. Nachdem sie Michaels Hand mehrfach untersucht hatten, beschlossen die Gardners, erneut zu einem Arzt zu gehen. Er verwies sie an einen Spezialisten, der ihnen den Knoten untersuchte und versicherte, er sei ganz harmlos und nicht weiter zu beachten. Er erklärte, dergleichen bezeichne man als Ganglien-Zyste und sagte unmißverständlich: »Es besteht kein Anlaß zur Sorge!«

Diese Auskunft gestattete den Gardners eine aufregende Veränderung in ihrem Leben. Man hatte Mr. Gardner die Versetzung nach Jamaika angeboten, und es war beschlossen, den Ausgang der Untersuchung von Michaels Hand darüber entscheiden zu lassen, ob die Versetzung angenommen werden sollte oder nicht. Erleichtert, daß keine Gefahr für Michaels

Gesundheit bestand, zog die Familie nach Jamaika. Gleichwohl hatte Mrs. Gardner weiterhin quälende Zweifel in Bezug auf Michaels Hand. In der Tat hatte sie eine Veränderung bemerkt — den Knoten. Die Beteuerungen der in der Folgezeit konsultierten Ärzte konnten ihre Befürchtungen nicht zerstreuen.

In Jamaika merkten alle, daß Michael ein ungewöhnliches Interesse für den Ozean zeigte. Er liebte es nicht nur, darin zu schwimmen, er versuchte auch, den Ozean auf intensivere Weise als die meisten anderen Leute kennenzulernen. Er war interessiert an allem, was im Meer lebte, und fasziniert von der Veränderung der Farben, der Bewegung der Wellen und von allem übrigen, das mit der See zu tun hatte.

In Mrs. Gardners Erinnerung war dies eine Zeit, in der ihr Mann sie dauernd beruhigen mußte wegen ihrer, wie sie es nannte, »schrecklichen Ahnungen, ihrer grauenhaften Ängste.« Mr. Gardner hatte gedacht, daß seine Frau normalerweise nicht zu denen gehörte, die sich ständig Sorgen machten, und so hatte er das Gefühl: »Wenn sie sich Sorgen macht, dann muß es auch einen Grund dafür geben!« In der Zwischenzeit fing der Knoten an zu wachsen, und die Garnders fragten sich, ob sie nach Toronto zurückkehren sollten oder nicht.

Ein Arzt in Jamaika war wie die Ärzte in Toronto der Meinung, daß kein Grund zur Sorge bestünde, erklärte jedoch, die Zyste entfernen zu können, falls die Gardners darauf bestünden. Wieder fühlte Mrs. Gardner die dunkle Ahnung, daß irgend etwas ganz und gar nicht in Ordnung war. Aber ihre Freunde auf Jamaika zerstreuten die Ängste, und so wurde die Operation durchgeführt.

Der Erleichterung über die Entfernung der ›Zyste‹ folgten bald neue Sorgen. Die Wunde sah merkwürdig aus, wollte offenbar nicht gut heilen. Ein Freund der Gardners, der vor kurzem sein Examen an der medizinischen Hochschule abgelegt hatte, schaute bei einem Besuch die Wunde an und sagte, er habe das Gefühl, etwas sei nicht in Ordnung damit. Er riet der Familie, sofort nach Toronto zurückzukehren, und besorgte für Michael einen Untersuchungstermin im Westminster Hospital.

Mrs. Gardner begleitete Michael nach Toronto, während Mr. Gardner und Mark noch ein paar Tage auf Jamaika blieben, um alles zu erledigen. Anthony, der dritte Sohn, der ein paar Monate zuvor geboren worden war, wurde von anderen Familienangehörigen versorgt, damit die Gardners ihre ganzen Kräfte auf die Gefahr richten konnten, die Michael möglicherweise drohte.

Der Spezialist des Westminster Hospitals empfing Michael und seine Mutter sofort. Schon am nächsten Tag operierte er und entfernte den Mittelfinger von Michaels rechter Hand. Inzwischen hatte das Gewächs, die Zyste, einen anderen Namen. Es hieß »Synovialsarkom«; das klang bedrohlich und das war es auch, denn es handelte sich um einen bösartigen Tumor. Der Chirurg teilte mit, er habe ihn vollständig entfernt — soweit er es beurteilen könne. Michael stand einen Monat vor seinem sechsten Geburtstag.

In den folgenden vier Monaten wurde Michael täglich zur Physiotherapie gebracht. Trotz der Operation hatte er weiterhin starke Schmerzen in seiner Hand. Seine Eltern waren immer noch besorgt, und die Physiotherapeutin teilte ihre Bedenken. Einmal ließ sie sogar durchblicken, sie habe große Zweifel, ob Michael seine Hand behalten könne.

Michael hatte die Befürchtungen der Physiotherapeutin mitgehört, aber er ließ keine Reaktion erkennen. Seine Eltern versuchten, mit ihm über seine Gefühle zu sprechen, weil sie ahnten, daß sie ihm eher helfen könnten, wenn er sie an seinen Ängsten teilnehmen ließ. Michael wies die Versuche seiner Angehörigen, mit ihm über das Geschehene zu diskutieren, ab.

Wenige Monate später bewahrheiteten sich die Ängste. Die Spezialisten teilten mit, daß eine weitere Operation notwendig sei. Die Gardners sahen ihre schlimmsten Befürchtungen bestätigt — Michael würde seine Hand verlieren. Aber der Ausgang der Operation war noch schlimmer. Als sie im Warteraum für Eltern operierter Kinder saßen, kam Michaels Arzt, um mit ihnen zu sprechen. Er hatte den Operationssaal verlassen, um sich die Erlaubnis zu holen, Michaels Arm unterhalb des Ellenbogens zu entfernen. Während Michaels Eltern noch versuchten, mit dieser Nachricht fertig zu werden, sahen sie sich schon mit neuen Fragen konfrontiert. Nicht nur die Angst vor der Krankheit war zu bewältigen, sondern auch die Auswirkungen, die die Amputation auf Michaels Leben haben würde. Wie sollte er mit nur einem Arm zurechtkommen? Wie würde sich sein Selbstwertgefühl verändern? Welchen Einfluß würde es auf seine Beziehungen zu anderen haben und auf seine Seele? Würde er seinen Eltern vergeben, diese Entscheidung für ihn getroffen zu haben? Sollten sie ihm, einem sechseinhalbjährigen Kind, die Entscheidung überlassen und alle Konsequenzen einer Operation mit ihm erörtern? Hatten sie genug Zeit dazu? Wenn sie die Operation verzögerten, würde das dem gefürchteten Übel Gelegenheit geben, sich auszubreiten?

Schließlich gaben sie ihre Zustimmung zu einer sofortigen Operation. In ängstlichem Schweigen klammerten sie sich aneinander, während sie warteten. Als der Chirurg gegangen war, schien er auch all ihre Hoffnungen mitgenommen zu haben. Sie sahen sich einer furchtbaren Realität gegenüber und begannen, sich auf eine Zukunft einzurichten, die ihnen jetzt deutlich vor Augen trat, und diese Zukunft sah düster aus, sehr düster. Für Michael bestand die zunächst darin, daß er das Bewußtsein verlor, während seine Eltern sich mit der Angst quälten, daß ihr Sohn vielleicht sterben würde.

Am Tag nach der Operation war Michael still und reagierte nicht. Einen Tag später kapselte er sich ganz ab und wollte weder mit den Ärzten und dem Pflegepersonal, noch mit Mr. Gardner reden. Die einzige Person, der er antwortete, war seine Mutter.

Die Tatsache, daß Michael sich von allen außer seiner Mutter zurückzog, barg erschreckende Perspektiven für die Familie. Zum einen bestand die Gefahr, daß Mrs. Gardners Mitgefühl sie vielleicht bewog, alle ihre Kräfte Michael zuzuwenden. Würde ihr genug Energie bleiben, sich den Bedürfnissen ihres Ehemanns und ihrer beiden anderen Söhne zu widmen? Zum zweiten bestand die Gefahr, daß Mr. Gardner das Gefühl bekam, aus diesem ›inneren Familienkreis‹ ausgeschlossen zu sein. Diese Familie, die es so dringend nötig gehabt hätte, eng zusammenzurücken, riskierte also, in verschiedene Fraktionen zu zerfallen — oder sogar ganz auseinanderzubrechen.

Michaels Mutter hatte ihrem Sohn erklärt, daß er eine Geschwulst habe und daß sie entfernt worden sei. Die Gardners hofften, daß damit alles erledigt war, und sie versuchten, ihm diese Hoffnung zu vermitteln. In Anbetracht der Zeichnung mit dem Schiff, die Michael mir später machte, glaube ich, daß er zu diesem Zeitpunkt wahrscheinlich wußte, daß er Krebs hatte. Aber es wurde nicht darüber gesprochen, wie er es erfahren hatte, denn er äußerte sich auch weiterhin nicht zu den Dingen, die mit ihm passierten.

Nach der Operation sonderte sich Michael ganz ab; eine natürliche Reaktion auf den Schock, den ihm die Amputation verursacht hatte. Er lebte in dem Bewußtsein, von anderen Menschen bedroht zu sein und wollte in Ruhe gelassen werden. Aber seine abweisende Haltung hielt auch an, nachdem der Schock der Operation vorüber war. Er trauerte nicht um den Verlust seines Armes, machte seinen Eltern keine Vorwürfe und suchte auch keinen Trost bei ihnen. Er versuchte, seine

Welt in den Griff zu bekommen, indem er sich von allen menschlichen Beziehungen zurückzog, auch von der alles entscheidenden Beziehung zu seinen Eltern. Er bat um ein Einzelzimmer und bekam es. Durch diesen Sieg erreichte er die Isolation, die er suchte; eine Isolation, die es ihm gestattete, sich der Realität seiner Situation zu verschließen.

Als Michael nach Hause kam, bat er sofort darum, die Vorhänge zu schließen. Er wollte, daß ihn niemand sah, hatte den Wunsch, sich ins Dunkle zurückzuziehen und in Ruhe gelassen zu werden. Die Gegenwart seiner Brüder irritierte ihn, doch seine Eltern sorgten mit sanftem Nachdruck dafür, daß er sich nicht aus der Familie ausschloß. Sie kümmerten sich auch darum, daß er bald Ausflüge unternahm, die ihn mit anderen Menschen zusammenbrachten.

Zwei Wochen nach der Operation beschlossen die Gardners, es sei an der Zeit, daß Michael wieder zur Schule ging. Das ist bei solchen Patienten durchaus üblich, um wieder Normalität in das Leben des Kindes einkehren zu lassen. Michael hatte in Jamaika die Vorschule besucht und sollte in die 1. Klasse kommen. Da er in Toronto noch keine Schule besucht hatte, würde er in einem für ihn neuen Haus mit neuen Lehrern und neuen Klassenkameraden beginnen. Michael widersetzte sich der Entscheidung seiner Eltern mit Wutanfällen, bei denen er alle Familienmitglieder angriff. Das beunruhigte die Gardners so, daß sie ihn in Krankenhaus zu einem Psychologen brachten. Der Psychologe sagte ihnen, daß es in Zukunft noch viele solcher Ausbrüche geben werde, sie seien eine Kombination aus aufsteigender Angst und Protest. Beides waren für Michael Wege, mit dem Trauma fertigzuwerden, das er erlitten hatte. Die Eltern sollten Michael liebevoll, aber mit fester Hand behandeln. Das taten sie auch, aber Michael weigerte sich weiter, zur Schule zu gehen.

Als sechs Wochen nach der Operation die Schwellung zurückgegangen war, wurde Michael ein Haken angepaßt, der seine fehlende Hand ersetzte. Einige Zeit danach rief Michaels Lehrer an, um ihm zu erzählen, daß die Klasse ein Theaterspiel aufführen wolle und er eingeladen sei, in einem Kostüm seiner Wahl aufzutreten. Er willigte schließlich ein hinzugehen und verkleidete sich als Captain Hook. Danach erschien er auch zum Unterricht, aber sein Schulbesuch war sehr unregelmäßig.

Einige seiner neuen Klassenkameraden betrachteten ihn voller Neugier und quälten ihn. Im allgemeinen wurde er jedoch akzeptiert und konnte enge, dauerhafte Freundschaften schließen. Aber er trennte seine Freunde streng voneinander. Einer begleitete ihn zum Fischen, mit einem anderen malte er Bilder und ein weiterer Junge half ihm beim Modellbau. Wenn seine weniger feinfühligen Klassenkameraden nach Michaels Meinung zu neugierig wurden oder wenn ihn andere gelegentlich hänselten, dann weigerte sich Michael mitunter tagelang, in die Schule zu gehen.

Die Gardners wußten nicht, was sie unternehmen sollten, wenn Michael nach jeder Provokation die Schule schwänzte. Sie wollten Michael vor Schaden bewahren, aber sie wollten auch, daß er lernte, sich zu wehren, statt in Selbstmitleid zu versinken. Sie hielten sein Selbstmitleid für beinahe ebenso zerstörerisch wie seine bösartige Krankheit, und sie meinten, daß er etwas dagegen tun müsse. Darüber sprachen sie mit ihm, sie beschworen ihn, redeten ihm gut zu und versprachen ihm alles mögliche. Wenn nichts anderes wirkte, brachten sie ihn gegen seinen Willen zur Schule. Er reagierte mit der Verweigerung seiner Mitarbeit, mit Wutanfällen und immer häufiger mit Schweigen. Bei einem seiner Wutanfälle forderte Michael seine Mutter auf, ihn zur Adoption freizugeben. »Du hast noch Mark und Anthony — du brauchst mich nicht!« schrie er sie an.

Inzwischen war Michael auf Vorschlag der Krankenhausärzte beim »Rehabilitationszentrum für behinderte Kinder« angemeldet worden. An einem Nachmittag der Woche mußte er der Schule fernbleiben, um an den Kursen des ›Zentrums‹ teilzunehmen. Auch das verweigerte er und verlieh seiner Weigerung mit weiteren Wutausbrüchen Nachdruck. Das ›Zentrum‹ war die Ursache neuer Frustrationen, denn die Versuche, Michael eine künstliche Hand und einen künstlichen Arm anzupassen, blieben erfolglos. Obwohl die Prothesen dem Aussehen nach durchaus befriedigend waren, erwiesen sie sich in der Handhabung als zu kompliziert und zu schwer. Er kam nicht damit zurecht, und benutzte bald nur noch den Haken, den er zuerst bekommen hatte, und er lernte, ihn effektiv einzusetzen. Er liebte es, so zu tun, als sei er Captain Hook — stolz, tyrannisch, einschüchternd und unverwundbar.

Vier Monate nach seiner Operation nahm Michael am Sommerlager des Zentrums für behinderte Kinder teil. Zu dieser Zeit schien er gegen alles und jeden Widerstand zu leisten. Die Mitarbeiter des Behindertenzentrums hofften, daß Michael seine Schwierigkeiten besser bewältigen würde, wenn er mit anderen behinderten Kindern zusammentraf. Er würde Kinder sehen, die in einer noch schlimmeren Lage waren als er und solche, die mit ihren Behinderungen umgehen konnten. »Beides müßte ihm eigentlich helfen!« riet man den Eltern, deren ursprünglicher Impuls es gewesen war, Michael nicht dorthin zu schicken. Dieser Rat und Michaels strikte Weigerung, über das Behindertenzentrum zu reden oder über seine Gründe, nicht dorthin zu gehen, ließen den Gardners kaum eine andere Wahl, als ihn schließlich zum Sommerlager anzumelden.

Michael wurde also in das Lager geschickt, aber er gestattete sich nicht, irgendeinen Nutzen daraus zu ziehen.

Er weigerte sich, mit den Betreuern zusammenzuarbeiten, und nahm an den vorgeschlagenen Aktivitäten nicht teil. Er schloß keine Freundschaften und verbesserte auch nicht seine

Fähigkeiten im Umgang mit seiner Prothese. Als die Zeit der Abreise gekommen war, erzählte er allen — einschließlich seiner Eltern — er wolle nicht nach Hause zurück. Er hatte den Verlust seines Unterarms immer noch nicht akzeptiert und weigerte sich, mit seinen Eltern über seine Erlebnisse im Sommerlager zu reden. Er weigerte sich überhaupt, mit ihnen zu reden. Den Gardners war klar, daß er sich benahm, als hätten sie ihn im Stich gelassen. Sie schworen sich, ihn nicht wieder in ein Camp zu schicken.

Michael schaffte die erste Schulklasse. Obgleich er im Rückstand war, gingen seine Lehrer davon aus, daß er weit genug war, in die nächste Klasse versetzt zu werden. Das nächste Schuljahr verlief für Michael wieder nicht sehr gut. Er ignorierte seine Lehrer, weigerte sich, seine Hausarbeiten zu machen, paßte nicht auf und neigte dazu, im Unterricht zu stören. Wenn seine Eltern ihn fragten, warum er sich so benahm, zuckte er die Achseln und sagte: »Warum soll ich denn überhaupt etwas lernen?« Aber er lernte, mit seiner linken Hand zu schreiben und begann, mit anderen Kindern etwas zu unternehmen. Er spielte Hockey auf der Straße, er lief Schlittschuh und lernte, mit nur einer Hand zu schwimmen.

Dann wurde alles wieder anders. Eines Tages kam Michael nach Hause und teilte mit, daß er nicht mehr draußen spielen werde. Er hatte Angst sich zu verletzen. (Allerdings schwamm er auch weiterhin und wurde sehr geschickt in diesem Sport, den er allein ausüben konnte). Seine besorgten Eltern erfuhren, daß er »die verschiedenen Stadien seiner Krankheit durchmachte.« Auch in diesem Frühjahr riet man seinen Eltern, ihn wieder für das Sommerlager des Behindertenzentrums anzumelden. Man sagte ihnen, er werde mit einer anderen Gruppe zusammensein.

Sie entschlossen sich zu einem letzten Versuch. Diesmal kam Michael mit anderen amputierten Kindern zusammen und mit solchen, die thalidomidgeschädigt (Contergan) waren. Obgleich er sich nicht weigerte, zu fahren, war er wieder völlig unkooperativ, während er sich dort aufhielt. Aber schlimmer war, daß er noch stiller wurde, mit niemandem sprach und sogar Anfälle von Zerstörungswut bekam, die sich gegen die Gegenstände im Sommerlager richteten. Immerhin vertraute er seinen Eltern an, daß er sich ärgerte über die anderen Kinder im Lager und daß er von dem Namen der Organisation nicht begeistert war. Er sagte, daß er nicht »behindert« sein wolle. Er haßte jeden und alles, was mit dem Zentrum für behinderte Kinder zu tun hatte.

Nach seiner Rückkehr aus dem Sommerlager beschlossen seine Eltern, daß er intensivere Hilfe brauchte, um mit seinen Empfindungen zurechtzukommen. Es war zweieinhalb Jahre her, daß Michael seinen Unterarm eingebüßt hatte, und sie hatten das Gefühl, neue Wege beschreiten zu müssen. Sie waren beunruhigter als je zuvor, denn Michael weigerte sich immer häufiger und für immer längere Zeit, zu sprechen. Zu diesem Zeitpunkt wendete sein Vater sich an mich.

In der Nacht nach meinem ersten Zusammentreffen mit den Gardners in meiner Eigenschaft als Psychiater dachte ich über die Verantwortung nach, die ein Arzt bei jedem seiner Patienten auf sich nimmt. Wie kann man wissen, ob ein scheinbar harmloses Symptom der Vorbote einer schrecklichen Krankheit ist? Der Arzt weiß, daß jedes Symptom der Hinweis auf etwas Furchtbares sein kann. Aber wenn man jedes Symptom als Vorbote einer gefürchteten Krankheit ansähe, hätten die Patienten ein recht mühsames Leben, denn Untersuchungen sind häufig seelisch und körperlich sehr belastend und außerdem kostspielig für den einzelnen und die Gesellschaft.

Auch Michaels Fall hatte mit diesem Dilemma der Mediziner zu tun, denn er wäre nicht der erste gewesen, der sich ein Leiden einbildete, um Aufmerksamkeit zu erregen. Tatsächlich war es bei ihm nicht so, aber wie sollte ein Arzt die Klagen eines Dreijährigen richtig einschätzen? Selbst als man den Knoten entdeckt hatte, gab es wenig Grund, Krebs zu vermuten. Ganglienzysten kommen häufig vor, und Indikationen für einen chirurgischen Eingriff liegen selten vor.

Ich schloß daraus, daß es in Michaels Fall keine Erklärungen gab, kein »Wenn doch nur«. Offensichtlich hatten die Gardners während seiner Krankheit hervorragende Ärzte konsultiert und waren immer eifrig bemüht gewesen, für ihren Sohn die beste medizinische Behandlung zu finden. Sein Leben hatte eine bizarre und tragische Wendung genommen. Die Folgen für die Gardners (und indirekt auch für mich) würden weder leicht noch angenehm sein.

Zweiter Teil:
Vorbereitung auf die Reise

Die Mannschaft ist neu, und der Kapitän weiß noch nicht, ob er ihr vertrauen kann. Er macht sich Sorgen über den Zustand seines Schiffs und darüber, ob die Mannschaft fähig sein wird, es zu reparieren. Allmählich überträgt er der Mannschaft einige wichtige Aufgaben, um ihre Fähigkeiten und ihre Loyalität richtig einschätzen zu können.

Erkundung der Gewässer

Als Michael zu unserem zweiten Treffen kam, ließ er seine Mutter im Wartezimmer zurück, nachdem sie ihm versichert hatte, daß sie dort auf ihn warten würde. Er ging dann in das Spielzimmer, wo er jedes Spielzeug sorgfältig und eingehend untersuchte. Mit dem Spielzeug und den anderen Gegenständen, die im Raum herumlagen, offenbar zufrieden, ging er zu meinem Schreibtisch, öffnete einige Schubladen, nahm Bleistifte, Malstifte usw. heraus, schaute sie sich an und legte sie an ihren Platz zurück. Die Zeichnungen, die wir in der ersten Sitzung gemacht hatten, erwähnte er nicht.

»Was suchst du, Michael?« fragte ich. Er antwortete nicht, fuhr aber fort, mein Büro zu durchsuchen. Als die Sitzung vorbei war, sagte ich ihm, daß wir uns in drei Tagen wiedersehen würden. Er antwortete »Auf Wiedersehen!« — die einzigen Worte, die er an diesem Tag mit mir sprach. Dann ging er.

Ich dachte über Michaels Durchsuchung meines Büros nach. Sein Verhalten war ein Hinweis auf sein Bedürfnis, sich zu vergewissern, daß mein Büro ›sicher‹ war, daß er der Umgebung, in der wir uns aufhalten würden, trauen konnte. Erst dann wollte er mir mehr über sich erzählen. Mir wurde bewußt, wie begierig ich war, auf das Thema des versunkenen Schiffes zurückzukommen. Ich war es, der sich unter Zeitdruck fühlte, und nicht Michael. Er brauchte Zeit, um alles erforschen zu können. Wir standen beide unter Druck, aber seine Art der

Belastung war ganz anders, und wir mußten zusammen seine Neugier befriedigen, mit seiner Belastung fertigwerden. Der Druck, der auf mir lag, war mein Problem.

Als Michael zur dritten Sitzung kam, schien er begierig darauf, mein Büro zu betreten, weigerte sich aber dann zu sprechen. Wieder durchstöberte er meinen Schreibtisch, schaute hinter die Sessel, zog an den Vorhängen und untersuchte den Fenstervorsprung dahinter. Er suchte etwas, aber er wollte mir nicht sagen, was es war.

»Wenn du mir sagst, was du suchst, Michael, kann ich dir vielleicht helfen?« Er warf mir einen Blick zu, grunzte und fuhr dann mit seiner Suche fort.

Aus Erfahrung weiß ich, daß Kinder, die zu mir kommen, ein ganzes Bündel seelischer Probleme mit sich tragen. Und dann bin ich da, ein Erwachsener, der sich in ihr Leben einmischt. Kann man mir vertrauen? Kann ich helfen? Oder werde ich ihnen weh tun, wie es andere getan haben? Kinder haben ihre eigene Art, diese Fragen zum Ausdruck zu bringen und mich auf meine Vertrauenswürdigkeit zu prüfen.

Ich tröstete mich mit dem Gedanken, daß Michael wohl gerade diese Phase durchlief. Man konnte ihn nicht zum Sprechen zwingen. Gleichwohl hatte er mir bei unserer ersten Sitzung einige tiefgehende Empfindungen über sich selbst mitgeteilt. Ich schien den richtigen Kontakt zu ihm gefunden zu haben, indem ich das Schiff als Abbild seiner selbst identifizierte, ihm Hoffnung auf Überleben anbot und meine Hilfe bei der Erfüllung dieser Hoffnung. Er hatte gut darauf reagiert, aber jetzt wurde deutlich, daß er sich nicht sicher war, ob er mir trauen konnte. Ich wandte mich wieder den Überlegungen zu, die ich bei unserer ersten Begegnung angestellt hatte. Mit neun Jahren war Michael schon erfahren im Umgang mit Ärzten. Für ihn hatte dabei immer viel auf dem Spiel gestanden, und am Ende war er immer der Besiegte gewesen, physisch und emotional. Vielleicht hatte er in der Woche, seit er die Schiffe gemalt hatte, darüber nachgedacht und beschlossen, einen Rückzieher zu machen. Ich hatte das Gefühl, daß ich ihm diese Gedanken mitteilen sollte. Was war der beste Weg dazu?

»Suchst du etwas, Michael? Vielleicht kann ich dir helfen, es zu finden? Oder handelt es sich um etwas, das gar nicht da ist? Jedenfalls kann ich dir nicht helfen, wenn du mir nicht hilfst und mir sagst, wonach du suchst!« Michael hielt plötzlich inne, wandte sich zu mir, suchte meine Augen mit seinem durchdringenden Blick und kam dann näher.

»Bist du ein Doktor? Ein richtiger Doktor, meine ich?«

»Ja, das bin ich. Aber eine andere Art von Doktor als die, die du bis jetzt kennengelernt hast. Ich benutze nicht meine Hände oder irgendwelche Instrumente, um dir zu helfen, mit deinen Gefühlen zurechtzukommen.«

»Das weiß ich!« sagte er. »Aber wo bewahrst du deine Spritzen auf?«

»Ich habe keine Spritzen, Michael. Ich rede bloß mit den Leuten.«

»Aber wie kannst du einem dann helfen?«

»Indem ich über die Schmerzen, die jemand in sich spürt, mit ihm rede. So wie über das Schiff und wie es sich fühlen muß, wenn es mit einem Loch in der Seite untergeht.«

Einige Augenblicke lang dachte Michael schweigend nach. Ich beendete die Sitzung mit den Worten: »Heute bleiben uns nur noch ein paar Minuten, aber wir werden uns noch oft treffen und darüber sprechen. Wir sehen uns dann in zwei Tagen wieder. Am Donnerstag um Viertel vor Vier. In Ordnung?«

Michael nickte. Er stand ganz nahe bei mir und beobachtete mich aufmerksam. Ich schrieb seinen Namen in meinen Kalender, und er nahm bereitwillig die Terminkarte an, auf der sein Name stand.

»Wir werden uns zweimal in der Woche sehen, und dann können wir über alles reden, was dich beschäftigt — wie beispielsweise die Sache mit dem Schiff unter Wasser.«

»Bis Donnerstag!« rief er mir beim Hinausgehen über die Schulter zu.

Bevor ich ihn wiedersah, hatte ich ein Treffen mit Mrs. Gardner. Sie erklärte mir, daß Michael große Angst vor Spritzen habe. Wenn er in das Sprechzimmer eines Arztes kam, wollte er zunächst immer sicherstellen, daß man ihm nicht wehtat und verlangte, sich umschauen zu dürfen. Deshalb hatte er seine Mutter auch gefragt, wo ich denn meine Spritzen und Instrumente aufbewahrte.

Bei seinem nächsten Besuch teilte Michael mir mit, er habe seine Mutter nach meinen Spritzen gefragt und sie hätte ihm meine Worte bestätigt.

»Ich hoffe wirklich, daß du keine Spritzen hast, denn sonst komme ich nie wieder zu dir. Ich hasse Ärzte, und ich hoffe, daß ich nie wieder zu einem gehen muß!«

Michaels Eltern und alle anderen aus seiner Umgebung hatten versucht, ihn zu beschwichtigen und ihm erklärt, die Ärzte wollten ihm nur helfen und seien auf seiner Seite. Ich wollte ihn nun nicht dazu bringen, Ärzte als seine Feinde zu betrachten, aber ich wollte auch nicht als jemand betrachtet werden, der ihm nur gut zuredete. Das konnte für meine Beziehung zu ihm nicht von Nutzen sein, denn in seinen Augen hätte ich mich damit nur mit den anderen verbündet. Meine Aufgabe bestand darin, seine Ansichten zu erforschen, zu verstehen und ihm dabei zu helfen, eine andere Weltsicht zu finden. Ich konnte ihn nichts ›lehren‹ oder ihm solche Dinge ›erklären‹ wie beispielsweise die richtige Haltung gegenüber seinen Ärzten — jedenfalls nicht zu diesem Zeitpunkt.

»Ich kann völlig verstehen, warum du Ärzte nicht magst,

Michael. Schließlich hast du bei dem, was mit dir passiert ist, eine Menge leiden müssen.«

Er schaute mich schweigend an und nickte.

»Ich kenne auch niemanden, der gerne zu einem Arzt geht oder überhaupt irgendwohin, wo er befürchten muß, daß man ihm weh tut.« Schweigend saß er mir gegenüber. Ich sprach weiter: »Vielleicht hast du eines Tages Lust, mir zu erzählen, wie du dich gefühlt hast, als das alles mit dir passierte.«

»Ja, vielleicht«, antwortete er. Er stand auf und untersuchte erneut die Spielzeuge im Sprechzimmer. Sein Mund war fest geschlossen, seine Augenbrauen gerunzelt, als ob er sich sehr stark konzentrierte. Sein Gesicht zeigte nicht die geringste Freude, und ich fragte mich, wie weit seine letzte freudige Erfahrung wohl zurücklag und wann er wohl je wieder in der Lage sein würde, Freude zu empfinden.

»Warum willst du dich überhaupt mit mir treffen?« fragte er.

»Ich bin sicher, daß du darüber ziemlich oft nachdenkst«, erwiderte ich.

»Ich weiß nicht, warum du das tust«, gab er zurück.

»Was spricht dagegen, Michael?«

Seine Antwort war eindeutig: Er hob seinen Haken abwehrend vor sein Gesicht.

»Denkst du, daß ich vielleicht kein Interesse an dir habe, weil du nur eine Hand hast, nur einen Arm?«

Seine Antwort bestand in einem leichten, aber unmißverständlichen Nicken.

»Michael, du hast eine Menge nachgedacht, und du hast viel gelitten. Und deswegen bin ich da — um mit dir über deine Leiden und deine Empfindungen zu sprechen. So lange du sie in dir versteckst, werden sie dir weiterhin weh tun.«

Sobald sich zu Beginn unserer nächsten Sitzung die Türen meines Behandlungszimmers hinter uns geschlossen hatten, begrüßte mich Michael mit den Worten: »Sprichst du mit meinem Vati und mit meiner Mutti?«

»Ja, das tue ich. Warum fragst du?«

»Ich wollte es bloß wissen«, antwortete er.

Michael hatte sich über die Vertraulichkeit unserer Sitzungen Gedanken gemacht. Normalerweise halte ich es für notwendig, mit den Eltern eines Kindes, das ich behandele, Kontakt zu halten. Wenn es um Teenager geht, bitte ich bisweilen einen anderen Therapeuten, sich mit den Eltern zu treffen und mir dann zu übermitteln, was vor sich geht. Bei jüngeren Kindern treffe ich mich oft direkt mit seinen Eltern, damit eine Art Teamwork entsteht, und so wollte ich auch mit Michael und seinen Eltern zusammenarbeiten.

Die Aufgabe gemeinsam anzugehen, war im Fallle der Gardners von besonderer Bedeutung, denn Eltern und Sohn versuchten, mit demselben Unglück fertigzuwerden. Das Leben von Mr. und Mrs. Gardner hatte sich dramatisch verändert, und sie mußten sich nicht nur mit dieser Veränderung, sondern auch mit ihren Gefühlen Michael gegenüber auseinandersetzen. Sie hatten nicht den Wunsch, genau zu wissen, was hinter der Tür meines Behandlungszimmers vor sich ging, aber sie hatten ein großes Bedürfnis, über die Auswirkungen zu sprechen, die Michaels Krankheit auf sie selbst hatte. Sie wollten wissen, wie sie unter diesen Umständen ihre anderen Kinder zu behandeln hatten, und sie wünschten sich Rat für den Umgang mit Michael, weil sie befürchteten, ihm gegenüber zu nachsichtig zu sein. Sie wollten nichts falsch machen, wollten ihn einerseits nicht einschränken und hatten andererseits Angst, er könne sich von ihnen zurückgewiesen fühlen. Er sollte auch nicht das Gefühl haben, den Chirurgen, den Physiotherapeuten und allen anderen, mit denen er durch die Krankheit zu tun hatte, auf Gedeih und Verderb ausgeliefert zu sein. Hatten sie recht daran getan, ihn gegen seinen Willen in die Schule und in das Sommerlager des Behindertenzentrums zu schicken, oder hätten sie ihn zu Hause behalten sollen? Wie sollten sie sich gegenüber seinen Wutausbrüchen verhalten? Gegenüber seinem Schweigen? Wie sollten sie mit ihren Ängsten fertigwerden? Mit ihren Schuldgefühlen? Es war überaus wichtig, daß ich den Gardners half, diese Probleme zu bewältigen. Aber wie konnte ich das, ohne Michaels Zutrauen in meine Verschwiegenheit zu verletzen? In dieser Frage würde er mich immer von neuem prüfen, und hier durfte ich nicht versagen — niemals.

Schwere Geschütze

Als Michael das nächste Mal in mein Behandlungszimmer kam, ging er sofort zu seiner Schublade und holte die Zeichnung hervor, die er in der ersten Sitzung gemacht hatte. Es war so, als ob die Sitzungen dazwischen niemals stattgefunden hätten. Während er seine Zcichnung prüfend anschaute, fragte er mich:

»Bist du jemals getaucht?«

Diese Frage war wirklich wie der sprichwörtliche Eisberg: zehn Prozent über der Oberfläche, neunzig Prozent darunter. Auf den ersten Blick war es eine ganz einfache Frage, aber ich hatte das Gefühl, daß in Wirklichkeit etwas völlig anderes gemeint war. Zum Beispiel, ob ich schon einmal Leuten geholfen hatte, die ebensolche Probleme hatten wie er. Und ob ich gewillt war, mich mit ihm zu identifizieren, wenn ich seine Gefühle erforschte. Ich war erfreut, daß er mir eine so gezielte Frage gestellt hatte, denn es bedeutete, daß er das Gefühl hatte, wir hätten bei unseren Begegnungen schon wertvolle Arbeit geleistet.

Aber wie sollte ich seine Frage beantworten? Sollte ich sie wörtlich nehmen, oder sollte ich auf die tiefere Bedeutung eingehen, die sie meinem Gefühl nach hatte? Im ersten Fall konnte Michael glauben, daß ich nicht bereit war, auf seine Gefühle einzugehen. Wenn ich mich andererseits den Problemen zu schnell näherte, wurde er vielleicht abgeschreckt. Ich beschloß, festzustellen, ob er mir vielleicht ein paar zusätzliche Hinweise geben wollte.

»Könntest du mir wohl erklären, was du damit meinst, Michael?«

»Ich meine, bist du früher schon mal getaucht?«

Wir schauten einander aufmerksam an, und ich antwortete langsam: »Oh ja, ich bin schon schwimmen gegangen, und ich habe getaucht. Aber ich glaube, du fragst eigentlich nach etwas anderem, nicht wahr?«

»Also, hast du jemals Schiffe mit Löchern repariert, versunkene Schiffe, oder sonst irgend etwas, das unter Wasser war? Hast du schon mal nach einem verborgenen Schatz getaucht?«

»Nein, Michael!« antwortete ich. »Ich habe nie nach einem verborgenen Schatz getaucht, und ich bin nicht ins Wasser gegangen, um versunkene Schiffe zu reparieren. Aber ich habe nach anderen Schätzen gesucht, und ich habe andere Dinge repariert. Ich habe sehr oft mit Jungen und Mädchen gearbeitet, die mit ihren beängstigenden und verwirrenden Gefühlen nicht alleine fertig wurden. Ich habe versucht, ihnen dabei zu helfen, und zusammen haben wir es geschafft. Das ist so wie Schiffe reparieren und unter Wasser nach Schätzen zu suchen.«

»Hast du noch mehr Papier? Ich möchte noch ein paar Schiffe malen«, war Michaels Antwort.

Ich fühlte mich erleichtert. Ich hatte mich nicht zu weit vorgewagt, dennoch hatte ich einen Teil seiner Frage beantwortet. Was er jetzt in Wirklichkeit meinte, war: »In Ordnung, machen wir weiter.« Wäre ich zu oberflächlich oder zu forsch gewesen, hätte er sich zurückgezogen und seine Position von neuem überprüft. Stattdessen deutete er nun an, daß wir uns auf dem richtigen Weg befanden und zusammenarbeiten konnten.

Dieses Mal enthielt seine Zeichnung viele Einzelheiten. Das Bild stellte wieder eine Unterwasserszene mit einem versunkenen Schiff dar. Das Schiff hatte kein Loch, war aber dennoch gesunken. An der Oberfläche lagen einige andere Schiffe mit Kanonen an Bord. Während er das versunkene Schiff malte, gab er stöhnende und ächzende Laute von sich.

»Was passiert denn da, Michael?« fragte ich.

Seine Antwort war knapp. »Da gibt's Probleme auf dem Schiff.«

»Was sind das für Probleme?«

»Es sind die anderen Schiffe. Das eine hat geschossen, aber die anderen haben nichts dagegen unternommen.«

Mir wurde klar, daß Michael über die Erwachsenen sprach und über ihre Beteiligung an seiner Operation. Gab er ihnen die Schuld für das, was mit ihm geschehen war? Konnte er wütend auf sie sein und zugleich verhindern, daß sie sich ihm gegenüber wieder so benahmen? Diese Haltung konnte sehr gefährlich sein, denn er war immer noch von ihnen abhängig und brauchte ihre Liebe und ihren Schutz, um sein dauerndes Leiden zu ertragen. Wenn er sich ihnen gegenüber ablehnend verhielt, würde er die Menschen vor den Kopf stoßen, die in der Vergangenheit seine Hauptstütze gewesen waren. Er mußte sich daher vergewissern, daß diejenigen, die ihm helfen konnten, ihn nicht im Stich ließen. Wenn ich sein einziger Vertrauter wurde und ihn in allem unterstützte, dann würde er die lebenswichtige Beziehung zu seinen Eltern verlieren. Ich mußte ihm also durch meine Haltung klarmachen, daß er sich nicht mit seinen Eltern entzweien mußte, um sich mit mir verbünden zu können. Ich konnte seine Gefühle verstehen und mich mit ihnen identifizieren, ohne notwendigerweise mit ihnen einverstanden zu sein. Ich konnte ihm helfen, sich klarzumachen, daß die Kritik an seinen Eltern nicht bedeutete, daß er sie zurückstieß. Wenn wir es schafften, mit beiden Seiten dieses Konflikts fertig zu werden, würde er sich besser fühlen und wir konnten uns an die Reparatur des Schiffes machen.

»Kannst du mir mehr darüber erzählen?« fragte ich.

»Also, das eine Schiff sollte mir den Weg zeigen, und dann brach Krieg mit dem feindlichen Schiff aus, und das Wachschiff hat mich nicht bewacht. Hat überhaupt nichts getan. Und dann Puff! Puff! Bumm! Päng! Und dann hat es das Schiff getroffen, und es ging unter.«

»Warum hat das Wachschiff nichts getan, um das andere Schiff zu retten?« fragte ich.

»Ich weiß es nicht, und es ist mir auch egal«, erwiderte er wütend.

»Es ist dir egal?« Ich reagierte erstaunt. »Die Geräusche, die das Schiff macht, sagen aber, daß es dem Schiff überhaupt nicht egal ist. Teile des Schiffs scheinen zwar zu sagen, daß es dir egal ist, aber andere sagen, daß es dir überhaupt nicht egal ist.«

Michael saß eine Weile schweigend da. Hatte ich ihn verwirrt? Dann meinte er: »Einige Teile des Schiffs sagen, daß sie es versucht haben, aber nicht stark genug waren. Sie sind Feiglinge — Angsthasen. Gegen das Kriegsschiff können sie überhaupt nichts tun.«

Wieder saßen wir schweigend da. Dann sagte ich: »Und andere Teile sehen, daß das Wachschiff immer noch da ist und immer noch helfen will. Aber das Schiff weiß nicht, wie.«

Er dachte etwas länger darüber nach, deutete dann auf das gesunkene Schiff und sagte: »Es ist gesunken. Es ist kein besonders gutes Schiff.«

Ich wies auf das Schiff, das ich in das Bild gezeichnet hatte. »Aber da ist die Hilfe, die versuchen wird, das Schiff zu reparieren.«

Wiederum war seine Antwort: »Es wird nie so sein wie neu.«

Ich bestätigte das, wiederholte aber die Ansicht, daß es trotzdem noch viele Seemeilen vor sich hätte, und immer noch vieles tun könne. Er nickte, dann saß er gedankenvoll da und starrte auf das Bild.

Während der nächsten Sitzungen bemerkte ich, daß er seinen Zorn auf die Schiffe an der Oberfläche herausließ.

Während zwei Sitzungen feuerte das gesunkene Schiff Torpedos nach oben. Es schoß zurück, und die meisten Bomben waren auf das Schiff mit den Kanonen gerichtet, das am Untergang schuld war. Michael zeichnete ein Bild nach dem anderen mit dieser Szene. Zweierlei war ganz offensichtlich: Nur sehr wenige Bomben waren gegen das Wachschiff gerichtet, und nur wenige Bomben hatten Erfolg damit, dem Feindschiff Schaden zuzufügen.

Michael »belebte« die Zeichnungen mit seiner eigenen Begleitmusik von Angriffsgeschrei, das von regelmäßigen Begeisterungsrufen unterbrochen wurde. Er vergalt Gleiches mit Gleichem, und er fühlte sich dadurch besser. Er war jetzt der Stärkere, der Angreifer, und nicht länger das Opfer. In der Realität war er jedoch immer noch abhängig von den Schiffen an der Oberfläche, mußte immer noch zu den Ärzten gehen und seinen Eltern vertrauen. Nur in seiner Phantasie fühlte er sich frei genug, auf sie zu schießen und sie anzugreifen, aber auch da konnte er sich nicht die Freiheit erlauben, sie tatsächlich zu treffen, ihnen zur Vergeltung für die Schmerzen, die er erlitten hatte, nun seinerseits Schmerzen zuzufügen. Das frustrierte ihn offensichtlich.

Michael war mit aller Energie bei seinem Spiel. Sie war nicht nur Mittel, einige seiner Konflikte zu lösen, sondern auch eine Methode der Katharsis. Er ließ seinem Ärger in einer Weise freien Lauf, die niemandem weh tat und die auch seine eigene Sicherheit nicht bedrohte. Er bezwang das Gefühl, angegriffen und verletzt worden zu sein, indem er auf den Feind zurückschlug, ohne ein bestimmtes Tabu zu verletzen:

Der Feind sollte nicht vernichtet werden.

Nach einigen Sitzungen, in denen sich dieses Spiel wiederholte, nahm die Lebhaftigkeit seiner Aktionen allmählich ab. Meine Teilnahme am Spiel hatte schlicht in dessen Beschreibung bestanden. Ich versuchte keine Interpretationen und tat auch sonst nicht viel, um zu erklären, was da vor sich ging. Ich hatte das Gefühl, daß Michael diese Katharsis brauchte, und tat nichts anderes, als seine Handlungen in Worte zu kleiden.

Schließlich hatte ich den Eindruck, es könnte etwas bringen, eine tiefergehende Bemerkung zu machen. »Das Schiff schießt ja aus allen Rohren«, warf ich ein, »aber es scheint die anderen Schiffe nicht treffen zu wollen.«

»Dafür fühlen sich die Schützen besser«, war Michaels Antwort.

»Sind da noch andere Leute auf dem Schiff, die gegen das Schießen sind — die den Leuten an den Kanonen nicht erlauben, die anderen Schiffe zu treffen?« erkundigte ich mich.

»Einige Leute sagen, daß das Schiff zufällig getroffen wurde und daß es auf den anderen Schiffen auch einige gute Leute gibt — Frauen und Kinder, verstehst du.«

»Und wie fühlen sich die Leute an den Kanonen dabei?« fragte ich.

»Sie fühlen sich gut, wenn sie schießen. Sie müssen niemanden töten.« Er legte die Blätter beiseite, ging zur Couch, setzte sich darauf und untersuchte dann seinen Haken.

Michael ließ sich jetzt auch auf andere Spiele, zum Beispiel Schach, ein. Wir spielten eine Partie und dann immer mehr. Michael war ein guter Spieler und ein harter Gegner. Er wollte gewinnen, und er genoß den Sieg. Wenn er verlor, verzweifelte er nicht, aber er wollte nicht aufhören, sondern sofort ein neues Spiel anfangen. Er mogelte nie, und er beschuldigte auch mich nie, daß ich mogelte. In dieser Hinsicht war er anders als andere Neunjährige, mit denen ich zu tun gehabt hatte.

Auch in einem anderen Punkt unterschied er sich von ihnen. Nachdem wir ein paar Wochen lang Schach gespielt hatten, hatte er eine neue Phase: Er wollte seine eigenen Regeln machen. Nicht nur, daß sein König sich vorwärts wie rückwärts bewegte, er konnte auch seitlich große Entfernungen überwinden, jeden Gegner fangen und »auffressen« und jeden seiner Männer nach Belieben krönen. Mit seinem König konnte Michael das Spiel in jeder Hinsicht kontrollieren. Er hielt es in Gang und ich hatte keine Chance zu gewinnen. Er feilschte mit mir und benutzte das Spiel, um zu erproben, welche Bedingungen er mir stellen konnte und wie ich darauf reagieren würde.

Zuerst fand ich das verwirrend. Verschwendeten wir nicht unsere Zeit? Gab es nicht Dinge von größerer Bedeutung, mit denen wir fertigwerden mußten? Während des Spiels durfte ich nicht sprechen. Wenn ich es doch tat, bekam ich zur Antwort: »Jetzt spiel doch!« oder »Wenn du nicht willst, dann mußt du ja nicht spielen.« Ich beschloß, weiterzumachen.

Ich dachte über die allmächtigen Könige nach. Wer waren diese Figuren, die das Spiel in der Hand hatten? Waren es Michaels Ärzte, seine Lehrer, seine Eltern? Oder verkörperten sie die Macht, die Michael gerne über seine Umgebung gehabt hätte, um sein eigenes Schicksal bestimmen zu können? Oder waren diese Könige sein ganz persönliches Bild, das er sich von der Krankheit, an der er litt, gemacht hatte — fähig, sich jederzeit überallhin zu bewegen, zu zerstören, wen sie zerstören wollten, und dennoch das Spiel in Gang haltend?

Nachdem wir uns einige Wochen lang mit diesem Spiel beschäftigt hatten, wurde mir klar, daß wir keine Zeit verschwendeten. Wofür auch immer die Könige standen — sie waren ein Stück Arbeit. Michael erforschte die Regeln des Lebens.

Alpträume

Nach ungefähr einem Jahr Therapie stellte Michael mir ein paar Fragen über Psychoanalyse. Er hatte eine Fernsehsendung mit einem Psychoanalytiker gesehen und wollte wissen, ob ich so etwas machte wie dieser Mann. Ich sagte ihm, daß ich tatsächlich mit einigen Leuten so arbeitete.

»Was machen diese Leute denn nun eigentlich?« fragte er, wobei er die ganze Zeit über auf der Couch saß.

Ich erzählte ihm von den Leuten, die kommen, sich auf die Couch legen und alles sagen, was ihnen in den Sinn kommt. Von Gedanken und Gefühlen erzählen, die sie sonst niemandem anvertrauen würden.

»Welche zum Beispiel?« unterbrach er mich. »Gefühle wie Angst oder Trauer oder Kummer, oder wenn man sich über bestimmte Dinge aufregt?«

»Ja.«

»Oder wenn man wütend oder ärgerlich ist und manche Leute gerne umbringen oder aufschlitzen möchte?« fragte er.

»Ja, auch das. Und sie sprechen auch über die Träume, die sie haben, über Tagträume und über Träume in der Nacht. Über angenehme Träume und über beängstigende.«

»Sogar über Alpträume?«

»Sogar über Alpträume.«

»Ich habe auch manchmal einen Alptraum, aber ich werde dir erst in der nächsten Sitzung davon erzählen.«

»Wenn du's mir erst beim nächsten Mal erzählen willst, bitte. Ich bin jederzeit bereit, dir zuzuhören, Michael.«

»Nennst du die Leute, die hierher kommen, verrückt oder zurückgeblieben?« Mit diesen Worten begann er die nächste Sitzung.

»Was glaubst du denn, Michael?«

Offensichtlich wollte er wissen, was ich über ihn dachte, ob ich ihn trotz der Schwächen, die er vielleicht während unserer Sitzungen enthüllte, respektierte. Das war für ihn wegen der Prothese besonders wichtig. Aus früheren Erfahrungen mit behinderten Menschen wußte ich, daß sie sich anders als andere behandelt fühlten. Und tatsächlich genügt es, die Reaktionen der Leute auf Blinde oder auf Rollstuhlfahrer zu beobachten. Ich war sicher, daß Michael naturgemäß sehr darauf achtete, wie die Leute auf seinen Haken reagierten.

»Michael, alle Leute, die zu mir kommen, fühlen sich irgendwie verstört wegen etwas, das sie selbst getan haben oder das man ihnen angetan hat. Aber das bedeutet nicht, daß sie verrückt oder zurückgeblieben sind.«

»Erzählen sie dir von ihrem Kummer — erzählen sie dir alle davon?«

»Sie versuchen es«, erwiderte ich, »aber manchmal finden sie es zuerst sehr schwer. Und ich bin sicher, daß es auch für dich nicht leicht ist.«

Er nickte heftig. »Ich will dir von meinem Traum erzählen«, begann er. »Ich bin im Meer und schwimme, und ich werde von Haien angegriffen, und sie beißen mein Bein ab. Diesen Traum habe ich oft, aber manchmal verändert er sich auch. Manchmal sind es Piranhas, die mich beißen, und manchmal ist es ein Krokodil.«

»Oje, das ist wirklich ein böser Traum!«

»Für mich nicht. Er weckt mich bloß auf«, antwortete er.

Ich sah, daß er seine Angst nicht eingestehen, sondern seine tapfere Fassade aufrechterhalten wollte. Ich mußte ihm zu verstehen geben, daß man ruhig Angst haben und das auch zugeben durfte. »Andere Jungs haben mir von solchen Träumen erzählt, und sie haben sich davor gefürchtet. Ich weiß, daß mir ein solcher Traum Angst einjagen würde.«

»Dir?« fragte er ungläubig.

»Ganz sicher!«

Er dachte schweigend über diese Möglichkeit nach.

Träume wie diese sind bei Jungen ziemlich häufig. Oft stehen sie in Verbindung mit der Angst vor Bestrafung für eigene Aggressivität. Bei Michael mußte diese Furcht mit der Amputation noch größer geworden sein.

Man hatte eine Operation an ihm vorgenommen, die ihn tatsächlich — und nicht nur in seiner Phantasie — gegenüber den anderen verändert, verletzt und verstümmelt hatte. Für mich war es nun sehr schwierig, mit ihm an der Beseitigung eingebildeter Ängste zu arbeiten, die Wirklichkeit geworden waren. In Anbetracht der Parallele zwischen seinem Traum und der Realität, wollte ich unbedingt erfahren, wie er mit einer nur imaginären Verletzung umging. Wehrte er sich, und gab es Menschen in seinem Traum, die ihn vielleicht beschützen oder ihm halfen?

»Passiert sonst noch etwas in diesen Träumen?« fragte ich.

»Nein, ich glaube nicht.« Er hielt inne, dann fragte er: »Was meinst du damit?«

»Ich meine, was tust du gegen die Haie?«

»Ach, meistens wache ich auf. Aber manchmal kämpfe ich auch gegen den Hai oder das Krokodil. Einmal habe ich ihm sogar das Maul aufgerissen und ihm einen richtigen Schlag — zack! bumm! — in den Hals versetzt und es umgehauen.«

Michael wehrte sich also. »Meinst du damit, daß du dich wehrst und dagegen ankämpfst?«

»Natürlich — und ich gewinne den Kampf!« erwiderte er stolz.

»Dann fühlst du dich bestimmt besser, wenn du dich so gewehrt hast.«

Wieder nickte er zustimmend. Dann saß er schweigend da, offensichtlich tief in Gedanken versunken. »Einmal, da habe ich mich nicht gewehrt, sondern versucht, davonzulaufen. Neben mir schwamm ein großer starker Mann. Er hörte, wie ich um Hilfe schrie, und er kam zu mir und versuchte, mich wegzuzerren. Er hat mich auch weggezerrt, aber ich habe trotzdem mein Bein verloren. Dann hat er mich aus dem Wasser geholt. Er hat den Hai nicht geschlagen oder so etwas, aber er hat einen Druckverband angelegt und die Blutung gestoppt. Aber es hat immer noch sehr weh getan. Er hat mit mir geredet, und dann hat er einen Arzt geholt. Er war wirklich sehr gut zu mir, aber er hat den Hai entkommen lassen.«

»Was denkst du über diesen Mann?«

»Er hat den Hai nicht getötet.«

»Aber er hat dein Leben gerettet, und vielleicht hatte er das Gefühl, daß das wichtiger war.« Ich versuchte, die positiven Gefühle, die er in Bezug auf seine Eltern hatte, zu bestärken.

»Aber ich war trotzdem wütend auf ihn, weil er den Hai nicht getötet hat«, antwortete er.

»Ich finde, du könntest glücklich sein, daß er dir geholfen hat, und enttäuscht, daß er nicht den Hai für dich getötet hat.«

»Genauso ist es.«

»Also, das ist wirklich ein ganz besonderer Traum, den du da gehabt hast«, sagte ich, als die Sitzung zu Ende ging.

»Ich hoffe, wir werden über diesen und andere Träume noch ein bißchen mehr reden.«

»Das werden wir«, sagte er, was ich ermutigend fand.

Das lästige Hündchen

Annähernd achtzehn Monate lang gingen Michael und ich auf Forschungsreise und machten unsere Entdeckungen. Wiederholt kehrten wir zu der Schublade und den Zeichnungen zurück. Selbst nach dieser langen Zeit war das Drama, das sich auf diesen Blättern abspielte, erschreckend und faszinierend. Gelegentlich wurde die gleichmäßige Entwicklung dadurch unterbrochen, daß Michael immer wieder mich und meine Motive in Frage stellte, während er sein Vertrauen zu mir entwickelte. Dieses Infragestellen bestand in einem regelrechten Bombardement von Prüfungen. Bestand ich die eine, wurde ich mit einer weiteren Erkundung der Schiffe und ihres Unglücks belohnt. Die Entwicklung wurde immer komplizierter, die Gefühle, die dabei zu Tage traten, immer intensiver, und die Prüfungen immer härter. Andererseits entdeckte ich auch Michael, die wunderbare Vielschichtigkeit seines Geistes und seine Einzigartigkeit. Er hatte so viele Schmerzen erlitten und mußte weiter leiden, aber sein Mut war ungebrochen. Er gab nicht auf, war ein Kämpfer, ein mutiger Forscher. Ich war von ihm fasziniert, freute mich über seine Fähigkeiten, und fürchtete gleichzeitig immer das Schlimmste. Ich freute mich, daß er ein tiefes Zutrauen zu mir entwickelte, aber es war mir ein schrecklicher Gedanke, seinen Krebs nicht heilen zu können — das blieb dem Schicksal überlassen. Ich konnte nur hoffen.

Bisweilen schienen wir nur schmerzhaft langsam Fortschritte

zu machen, aber ich sagte mir immer wieder, daß die Zeit, die wir dieser frühen Phase widmeten, nicht allzu lang war im Vergleich zu den Zeiten, die Michael erlitten hatte. Dennoch fühlte ich mich gehetzt, da ich nicht wußte, wieviel Zeit uns blieb für andere Probleme, die sicher noch zu Tage treten würden.

Inzwischen lernte Michael, mir zu vertrauen und — als Folge davon — auch sich selbst zu vertrauen. Er begriff, daß ich ihn und seine Bemühungen tolerierte, und so begann auch er, sie zu tolerieren und sich selbst anzunehmen. Das Ergebnis war, daß er allmählich die Menschen, die ihm nahestanden und versuchten zu helfen, akzeptierte und daß er ihnen vertraute.

In dieser Zeit erzählte mir Michael von einem Ereignis, das Mrs. Gardner mir in den ersten Wochen unserer Bekanntschaft berichtet hatte. Sie hatte von Michaels Aufforderung gesprochen, ihn zur Adoption freizugeben, wobei er als Grund angegeben hatte: »Du hast schon Mark und Anthony — du brauchst mich nicht!« Ein Ausbruch, den Mrs. Gardner natürlich sehr schmerzlich empfunden hatte. Den Grund dafür nannte mir Michael, als er eines Tages mit seinem Hündchen zur Sitzung kam.

»Ist es nicht niedlich?« fragte er, während er mit dem Hündchen spielte. »Schau nur, wie vergnügt es ist. Es springt herum, es hüpft hoch, es beißt.« Dann, als das Hündchen auf dem Boden des Spielzimmers Wasser ließ, fügte er mit schelmischem Blick hinzu: »Und es pinkelt auch!«

Sehr ostentativ machte er dem Hündchen Vorwürfe über sein ungezogenes Benehmen und fragte dann: »Bist du böse auf ihn?«

»Warum sollte ich böse sein?« fragte ich. »Alle jungen Hunde pinkeln auf den Boden. Nach einer Weile lernen sie, daß sie das nicht dürfen, denn wir bringen es ihnen bei.«

Michael lächelte mir zu, denn wieder war eine Entdeckung,

die er schon früher gemacht hatte, bestätigt worden. »Ich weiß, ich weiß — dafür, daß wir Dinge tun und fühlen, die ganz normal sind, kann man uns keinen Vorwurf machen. Das hast du mir schon früher gesagt. Aber ich bekomme immer noch Ärger — zu Hause und in der Schule.«

»Na, hör mal, Michael, du weißt genau, was ich meine — das sind doch Dinge, von denen du weißt, daß sie dir Ärger einbringen. Du und ich, wir wissen beide, daß du immer wütend bist auf deine Eltern oder deine Lehrer, wenn du diese Dinge tust. Du sagst es ihnen nur nicht geradeheraus, sondern tust stattdessen Dinge, die dir Ärger bringen.«

Michael runzelte die Stirn, während er mit dem Hündchen spielte. Sein ernsthafter Gesichtsausdruck spiegelte die Tiefe seiner Gedanken wieder. »Ich bin ziemlich oft wütend auf sie. Aus allen möglichen Gründen.«

»Was für Gründe sind das denn?« fragte ich.

»Vergiß es!« war die Antwort.

Michaels Spiel mit dem Hündchen wurde rauher. Er begann, das Hündchen zu ärgern, dessen Reaktion darin bestand, an Michaels Finger zu knabbern und zu bellen. Ich wollte gerade sagen, daß mich das Spiel an seinen Umgang mit seinem Bruder Anthony erinnerte, als er mich anschaute und fragte: »Möchtest du, daß ich das Hündchen bei dir lasse? Ich schenk' es dir, du kannst es behalten.«

»Glaubst du, daß ich ein Hündchen brauche, um mir Gesellschaft zu leisten — glaubst du, deine Gesellschaft genügt mir nicht?« Ich fühlte, daß dies ein weiterer Test meiner Zuverlässigkeit war, und reagierte entsprechend.

»Es ist niedlich und würde dir viel Spaß machen — und es ist heil und gesund und nett und macht keine Probleme.«

»Und du denkst, daß ich so jemandem den Vorzug gebe vor einem, der Probleme macht?«

»Ich will dir eine Geschichte erzählen über etwas, das vor

langer Zeit passiert ist, als ich nach meiner Operation gerade wieder in die Schule ging. Weißt du, ich . . . ich schämte mich irgendwie wegen meines Arms. Er sah anders aus. Er sah abstoßend aus. So, als ob ich etwas Böses gemacht hätte. Ich hatte Angst, daß eines von den Kindern dachte, mein Arm wäre so, weil ich etwas wirklich Schlimmes gemacht hatte . . . und daß es den anderen Kindern das erzählen würde.« Er verfiel in nachdenkliches Schweigen.

»Du denkst an etwas anderes, Michael«, sagte ich schließlich. »Könntest du nicht darüber mit mir reden?«

Er rutschte unruhig hin und her und blickte mich aufmerksam an. Bald erkannte ich auf seinem Gesicht einen inzwischen vertrauten Ausdruck. Es war eine spezielle Mimik, in der die Frage lag: »Kann ich dir — und mir — dieses Gefühl anvertrauen?« Wir saßen und warteten. Endlich brach ich das Schweigen. »Ich glaube, Michael, daß du jetzt stark genug bist, dich damit auseinanderzusetzen.« Er zuckte mit den Achseln, seufzte, stöhnte und sprach es schließlich aus.

»Es ist wegen Anthony«, sagte er. »Als er zu uns kam, war er so ein niedliches kleines Baby. Ich mochte ihn wirklich gern. Aber er war so niedlich und machte immer alle glücklich, und ich konnte die Leute immer nur traurig und bekümmert machen. Immer, wenn sie irgendwas mit mir machten, sahen sie traurig oder bekümmert aus — zu bekümmert, um böse auf mich zu sein. Sie haben mich nie angeschrien und mich nicht geschlagen. Wie konnten sie mich dann wirklich gern haben? Ich war doch ein Krüppel und konnte die Dinge nicht, die andere Kinder machten. Sie haben versucht, mich dazu zu bringen, aber ich hatte Angst, ich könnte es nicht, und sie würden mich nach einer Weile satthaben und versuchen, mich loszuwerden. Bei den ›behinderten Kindern‹ war eins, das man adoptiert hatte, und ich habe mich gefragt, ob seine Eltern es weggegeben haben, weil es so weinerlich war. Und dann hab ich mir Sorgen gemacht, daß sie mich zur Adoption freigeben würden. Ich habe wirklich gedacht, daß sie das tun wollten. Es wurde immer schlimmer. Nachts lag ich wach und überlegte, ob ich von zu Hause fortlaufen sollte. Aber wohin sollte ich gehen? Niemand wollte mich haben. Dann hab ich's aufgegeben und beschlossen, ihnen direkt zu sagen, sie sollten mich zur Adoption freigeben. Ich habe meiner Mutter gesagt, daß sie das tun soll.«

Jetzt saß er ganz ruhig da. War es Erschöpfung, Erleichterung oder Beschämung nach seinem bisher längsten und vielleicht auch offensten Bekenntnis? Die Stille wurde nur vom Knirschen seiner Zähne unterbrochen. Er rückte näher an mich heran, bis er direkt neben mir saß.

»O je, Michael, da hast du dich aber wirklich in eine schrecklich traurige Lage gebracht. Das muß furchtbar gewesen sein — all diese Gefühle, die immer schlimmer und schlimmer wurden, und die ganze Zeit über denkst du, daß es keinen gibt, dem du trauen kannst.«

»Aber«, erwiderte er triumphierend, »meine Mutter hat gesagt: ›Michael, wir lieben dich und wir werden dich immer lieben, und wir werden immer zu dir stehen und dich nie gehen lassen!‹ Sie lieben mich wirklich. Und du magst mich auch.«

»Ja, das tue ich«, sagte ich, während er mein Knie umfaßte. Ich legte meinen Arm um ihn und drückte ihn an mich. Einen Augenblick saßen wir schweigend da, dann griff er nach unten und hob das Hündchen auf, das zu seinen Füßen eingeschlafen war.

»Ich nehme das Hündchen lieber wieder mit nach Hause«, sagte er.

Offenbar hatte das Hündchen seinen Zweck erfüllt: Ich zog ihn dem Hündchen vor. Sie niedlich der Hund auch war, ich hatte den ›beschädigten‹ Michael für wichtiger gehalten. Er brachte das Tier nie wieder mit. Ein paar Sitzungen später verkündete er, die ganze Familie habe beschlossen, den Hund an den ursprünglichen Besitzer zurückzugeben. Er erklärte, nicht genug Energie zu haben, um sich mit seinen eigenen Problemen und mit dem ›lästigen‹ Hündchen zu beschäftigen.

Nein, Michael, dachte ich, die hast du wirklich nicht. Andere Jungen in deinem Alter wären froh, sich mit einem Hund herumbalgen zu können, aber du und deine Familie, ihr müßt mit ernsteren Problemen fertigwerden. Du kannst dir dieses Vergnügen nicht leisten.

Ich stellte fest, daß ich durch den Umgang mit Michael in eine beträchtliche Verwirrung meiner Gefühle gestürzt wurde. Ich war betrübt, weil ich wußte, daß Kinder in Michaels Alter normalerweise dringend ein Haustier haben wollten, für das sie sorgen konnten. Michaels Mangel an Energie für ein solches Unternehmen erinnerte mich wieder einmal daran, daß dieser kleine Junge es mit Problemen zu tun hatte, die so schwerwiegend waren, daß sie wenig Raum für Vergnügungen und Freude ließen. Ich wünschte mir, ihn im Arm halten und vor allem beschützen zu können, und ich hatte das Gefühl, daß er mir in gewisser Weise die Chance anbot, ihn zu adoptieren, zu lieben und zu beschützen. Er fragte sich, ob das wohl möglich war, ohne daß ich ihn seinen Eltern wegnahm. Konnte ich ihn mit ihnen teilen, so wie sie ihn mit mir teilten? Ich hatte Angst, daß er meine Reaktion auf seinen Vorschlag, das Hündchen zu behalten, als Absage an ihn selbst empfunden hatte. Hatte er sich wirklich selbst gemeint, als er mir das Hündchen anbot? Ich wußte, wir würden noch eine Weile warten müssen, bevor diese Fragen geklärt waren.

Mir war jedoch inzwischen bewußt, daß Michael die Amputation als Strafe für seine Eifersucht gegenüber Anthony auffaßte und dafür, daß er seinen Bruder gerne los sein wollte. Er hatte Angst, seine Eltern würden ihn eines Tages verstoßen, wenn sie seine wahren Gefühle gegenüber Anthony entdeckten.

Seine Amputation und seine Krankheit waren für ihn nur Stationen auf dem Weg zu der endgültigen Zurückweisung, die er verdient hatte. In gleicher Weise sah er die Wahrscheinlichkeit zu sterben als endgültige Zurückweisung an. Das war typisch für die Gefühle, die viele Menschen in Bezug auf den Tod haben, den sie als endgültige Trennung betrachten von denen, die sie lieben. Hier war Michael am tiefsten zu verletzen. Das war es, was er zu verhindern suchte, indem er sich von denen, die er liebte und denen, die er vielleicht liebgewonnen hatte, isolierte, da er ihre Zurückweisung oder ihren Verlust am meisten fürchtete.

Dritter Teil:
Hinaus auf See

Der Kapitän hat ein gutes Verhältnis zu seiner Mannschaft ge-
funden, und sein Schiff ist fahrbereit. Jetzt, wo das Schiff sich
draußen auf See befindet, wird seine Seetüchtigkeit dauernd
auf die Probe gestellt. Der Kapitän wird ständig daran erin-
nert, daß das Schiff den Belastungen, die es zur Zeit aushält,
nicht für immer standhalten wird.

Die Kontrolluntersuchung

Es war fast Winter, und Michael kam seit einem Jahr und drei Monaten zu mir. Für uns alle waren die regelmäßigen Kontrolluntersuchungen, denen er sich unterziehen mußte, eine schlimme Prüfung. Mrs. Gardner brachte ihn anfangs alle drei Monate und dann alle sechs Monate zum Arzt, der ihn gründlich untersuchte, Röntgenaufnahmen machte von allen Körperteilen, an denen sich die Krankheit zeigen konnte, und ihn dann wieder entließ. Jeder, der mit Michael zu tun hatte, gab vor, es handele sich um reine Routine, alle versuchten, die Untersuchung zu bagatellisieren, und alle »wußten«, daß nichts schief gehen würde. Gleichwohl empfand jeder ein wachsendes Gefühl böser Ahnungen und Ängste, wenn der Besuch beim Arzt näherrückte. Trotz der Anspannung, unter der wir alle litten, wenn eine dieser Kontrolluntersuchungen bevorstand, wollte niemand über den emotionalen Aufruhr sprechen, der diesen Arztbesuchen voranging. Bei meinen Begegnungen mit Mr. und Mrs. Gardner wurde immer sehr beiläufig über diese Untersuchungen geredet. Wir hatten Angst vor dem, was vielleicht bei einem dieser Arztbesuche entdeckt werden würde, aber dieses Thema war tabu. Es war fast, als könnte das Reden über die eigenen Gefühle den schrecklichen, gefürchteten Rückfall bringen.

Jeder verspürte sofort Erleichterung, wenn die Nachrichten gut waren. War es Jubel? Oder ein Glücksgefühl? Nicht wirklich. Es war nicht Pardon gegeben, die Hinrichtung war nur aufgeschoben worden. Für uns eine Chance, uns wieder zu sammeln, uns auf unsere psychischen Kräfte zu besinnen, auf das, was Normalität bedeutete — und auf den nächsten Angstausbruch in sechs Monaten.

Jeder der beiden Elternteile brachte diese Gefühle zum Ausdruck, wenn er mit mir allein war. Aber miteinander konnten sie nicht darüber reden. Während ich jedem von beiden zuhörte, berührte es mich, wie sehr ihre Gefühle meinen glichen, wenn Michaels Besuch beim Arzt näherrückte. Ich fragte mich, wie sie, jeder für sich allein, diese Belastung aushielten, und ich wußte, daß sie beide Kraft gewinnen würden, wenn sie ihre Gedanken und ihre Gefühle mitteilten. Aber das konnten sie nicht. Stattdessen machte sich jeder Sorgen, wie der andere damit fertig wurde. Jeder empfand Trauer und Frustration, weil er nicht in der Lage war, dem anderen zu helfen. Unbestreitbar stand ihre Ehe wie alle anderen Bereiche ihres Lebens unter dieser Belastung.

Sie unternahmen verschiedene Versuche, mit der Bedrohung ihrer Ehe fertigzuwerden. Es war vor allem wichtig, ihre Möglichkeiten gegenseitiger Unterstützung wieder zu aktivieren, diese Kraftquelle, die schon so stark beansprucht worden war.

Keine der Möglichkeiten, die sie ausprobiert hatten, konnte ein Allheilmittel sein; die Zeiten waren zu hart, als daß es dergleichen geben konnte. Ich selbst hatte einige Vorgehensweisen vorgeschlagen, einschließlich der Empfehlung, sich um die Hilfe eines Eheberaters zu bemühen. Die Gardners versuchten es, aber bald wurde ihnen klar, daß sie selbst über die Kraft verfügten, die sie brauchten. Sie mußten sie nur ausschöpfen, und das taten sie auch. Der Bestand ihrer Ehe beruhte darauf, sich klarzumachen, daß es nicht in ihrer Macht lag, die Krebskrankheit zu heilen und — was noch wichtiger war — daß nur sie selbst ihre Liebe am Leben erhalten oder töten konnten. Die

Lösung war nicht einfach, sie hieß: Mühe, Anstrengung, Toleranz, Respekt, Geduld. Die dunklen Tage dieser heute glücklichen Ehe, die jetzt ins sechsundzwanzigste Jahr geht, gehören inzwischen der Vergangenheit an.

Michael reagierte auf diese Kontrolluntersuchungen auf seine eigene Weise. Vor seinen Besuchen beim Arzt wurde er während unserer Sitzungen entweder aktiver und trieb seine Erkenntnisse voran, indem er rasch von einem Einfall zu einer Einsicht kam, von dort zu einem anderen Gedanken und zu einer weiteren Einsicht; oder er wurde still und nachdenklich und sprach kaum ein Wort. Nach der Kontrolluntersuchung änderte sich seine Stimmung. Er empfand nicht die leise Erleichterung, die wir anderen verspürten. Wenn er vor einer Kontrolluntersuchung aktiv gewesen war, dann wandte er sich danach stillen Überlegungen zu; wenn er vor der Kontrolluntersuchung ruhiger geworden war, dann war sein Benehmen danach aufgeregt und gesprächig.

Michael war sich der gespannten Atmosphäre bewußt, die zwischen seinen Eltern herrschte, und auch der wachsenden Belastung in den Wochen, Tagen und Stunden vor dem Besuch beim Arzt. Er wußte, daß er Krebs gehabt hatte und daß dieser wiederkommen konnte. Dennoch sprach er darüber nicht zu seinen Ärzten, sehr wenig zu seinen Eltern, und auch mir gegenüber erwähnte er es nur bei wenigen Gelegenheiten. Wenn wir über die Kontrolluntersuchungen sprachen, verweilte er nicht bei medizinischen Fakten oder bei der Frage, welches Schicksal ihn vielleicht erwartete. Viel lieber machte er seiner Frustration über den Prozeß des Krankseins Luft.

Ganz oben auf der Liste der Themen, über die Michael sprach, stand seine Abneigung gegen die Ärzte. Aufs Schärfste mißbilligte er die Anwesenheit junger Doktoren, die seinen Arzt begleiteten, um an *seinem* Körper zu lernen. Sein Ärger wurde noch dadurch gesteigert, daß sein Arzt mit den Studenten in normalem Tone sprach — so wie man üblicherweise mit Erwachsenen redete — und mit ihm etwa so, als hätte er das begrenzte Begriffsvermögen eines sehr kleinen Kindes.

»Denkt er denn, daß ich nichts verstehe? Mit mir spricht er in der Kindersprache, und zu ihnen redet er in der Doktorsprache. Also, ich verstehe alles, was er sagt, aber wenn er mit mir redet, mag ich ihm nicht antworten. Er denkt, daß ich ein Dummkopf bin, aber ich habe ihn hereingelegt! Ha! Ha! Ha! Ich habe ihn hereingelegt. Er denkt, ich bin ein Dummkopf, aber ich weiß genauso viel wie er.« Michael kicherte fröhlich.

Michael kannte die Wahrheit. Er hatte die Dinge im Griff. Sensibel wie immer hatte er sich dagegen gesträubt, als Objekt behandelt zu werden. Informationen über ihn und sein Wohlergehen wurden an andere, an Fremde, weitergegeben, deren Interessen in erster Linie akademischer Natur waren. Dagegen wurde er, der am meisten betroffen war, wie jemand behandelt, der nichts erfahren sollte. Er reagierte damit, den »Dummkopf zu spielen«, sein Verständnis nicht zu zeigen. Auf diese Weise wurde er zum heimlichen Sieger, was ihm großes Vergnügen bereitete.

Bei einer der seltenen Gelegenheiten, da Michael über die Angst seiner Eltern vor den Kontrolluntersuchungen sprach, ließ er erkennen, wie empfänglich und sensibel er anderen gegenüber sein konnte. Ihre Sorgen, daß er vielleicht sterben mußte, bekümmerte ihn. Seine Mutter wirkte immer, wenn sie ihn zum Arzt brachte, verängstigt und traurig, und er hatte bemerkt, wie niedergeschlagen sie war, wenn er nicht hinausging, um mit seinen Freunden zu spielen oder wenn er sich mit seinem Bruder Anthony stritt. Auch sein Vater schien traurig zu sein, wie er mir sagte.

Michael hatte in Bezug auf die offensichtlichen Sorgen seiner Eltern sehr gemischte Gefühle. Auf der einen Seite tröstete ihn die Tatsache, daß ihnen sein Wohlergehen so am Herzen lag. Auf der anderen Seite fühlte er sich für ihre Ängste verantwortlich. Die Tatsache, daß er ihnen so viel Kummer gemacht hatte, gab ihm Schuldgefühle und der Gedanke, allen eine solche Last zu sein, quälte ihn sehr.

Sehr viel später, als ich mir meine Berichte über unsere Sitzungen anschaute, fragte ich mich, warum ich über dieses Thema nicht ausführlicher gesprochen und alle, auch Michael, ermutigt hatte, mehr über ihre Gefühle im Zusammenhang mit diesen Kontrolluntersuchungen zu sprechen. Ich bin heute sicher, daß ich es tat, weil ich diese Gefühle teilte. Das machte es mir sehr schwer, das Gespräch auf dieses Thema zu bringen und den Gardners zu helfen, mit ihren Befürchtungen fertig zu werden. Ich war ganz davon in Anspruch genommen, meine eigenen Ängste zu bekämpfen.

Krebs

An einem Wintertag war ich wieder mit meinen Befürchtungen um Michael beschäftigt, während ich auf ihn wartete. An diesem Tag war er zu einer Kontrolluntersuchung im Krankenhaus gewesen. Seine Mutter hatte schon angerufen, um zu berichten, daß man ihn geröntgt und untersucht hatte. In Anbetracht der vergangenen Sitzungen erwartete ich heute einen nachdenklichen Michael und ahnte nicht, wie unsere Unterhaltung tatsächlich verlaufen sollte.

Michael kam in mein Behandlungszimmer und setzte sich neben mich auf die Couch. Er war ruhig, und es war ganz offensichtlich, daß er nicht in Stimmung für das Spielzimmer war.

»Du bist heute im Krankenhaus gewesen«, begann ich.

»Ja«, erwiderte er. Es hörte sich an, als ob er überhaupt nichts mehr sagen wollte.

»Du hast mir noch nichts über deine Krankheit erzählt und darüber, was du davon denkst.« Obgleich Michael wußte, daß er Krebs hatte, hatte ich ihn bisher nicht zwingen wollen, über die Krankheit zu reden, bevor er selbst dazu bereit schien.

Schweigend saß er ein paar Minuten lang da. Er starrte aufmerksam auf etwas, das nicht in meiner Blickrichtung lag, und ich konnte an seinem Profil sehen, daß seine Augenbrauen nachdenklich gerunzelt waren. Mir fiel auf, daß er wie ein alter Mann aussah. Plötzlich fragte er:

»Ist das ein Krebs?«

Ich antwortete: »Ja, Michael, es ist eine Art von Krebs« und merkte schon, daß ich zu voreilig gewesen war.

»Das habe ich nicht gemeint«, unterbrach er mich. »Ich meinte dieses Zeichen.« Er deutete auf ein Bild in einem Kalender mit Tierkreiszeichen, der auf dem Couchtisch in meinem Behandlungszimmer lag. Es war tatsächlich ein Krebs.

»Ja, Michael, das ist das Tierkreiszeichen ›Krebs‹. Und du hast eine Art von Krebs.« Schweigend vergingen einige Minuten, in denen Michael still und gedankenvoll dasaß.

»Denkst du, daß ich sterben werde? Der Doktor denkt es, und die anderen Ärzte und die Krankenschwestern auch. Meine Eltern machen sich andauernd Sorgen. Denkst du, daß ich sterben werde?«

Während dieses Gesprächs saß Michael neben mir. Seine Ellenbogen hatte er auf die Knie gestützt, sein Kopf war nach vorne gebeugt, sein Kinn ruhte auf seiner Hand und sein Haken lag leicht auf dem Knie. Er schien den Versuch zu machen, mit dem Haken zurechtzukommen, als ob er, wenn er den Haken verstand, auch alles übrige verstehen müßte, was mit ihm geschah. Irgendwie schien die Antwort in dem Haken zu liegen.

»Ich weiß ganz ehrlich nicht, ob du an dieser Krankheit sterben wirst«, antwortete ich. »Viele Leute mit Krebs sterben daran, aber viele Leute werden auch geheilt. Am wichtigsten ist es, ob du glaubst, daran sterben zu müssen?«

»Das wird von dem Zeichen abhängen — vom Schicksal«, antwortete er, wobei er nochmals auf das Tierkreiszeichen »Krebs« deutete.

»Das Schicksal kann ich nicht ändern, und deine Eltern können es auch nicht. Deine Ärzte können dich nur nach bestem Wissen behandeln und den Krebs daran hindern, wieder auszubrechen oder zu versuchen, ihn so früh wie möglich zu entdecken und daran zu hindern, sich auszubreiten.«

»Das weiß ich alles«, sagte er mir. »Weißt du, wieviel Angst ich jedes Mal habe, daß der Arzt etwas entdeckt? Dann wird er oder meine Eltern darüber entscheiden, ob es wieder behandelt oder was sonst getan werden muß.«

Ich wollte ihm antworten, aber das ließ er nicht zu. Stattdessen legte er mir die Hand aufs Knie und sagte mit entschiedener Stimme: »Warte, laß mich zuerst zu Ende reden. Niemand scheint zu begreifen, daß ich keine Spritzen mehr will. Ich will keine Operationen mehr. Ich habe sie auch früher nicht gewollt. Ich weiß nicht, ob sie mir helfen. Ich weiß nicht, ob ich diese Art von Hilfe überhaupt will.«

Michael war zornig, protestierte gegen die Schmerzen, die er erlitten hatte. Er wollte nicht noch mehr verletzt werden und wollte auch keine Zeit mehr bei den Ärzten verbringen. Er wollte nicht mehr den Entscheidungen anderer Leute ausgeliefert, nicht mehr hilflos sein.

Ich fühlte, daß er mich einer Prüfung unterzog, indem er mir seine innersten Gefühle, seine Zweifel an der Behandlung seiner Krankheit anvertraute. Sollte er die Behandlung, die die Erwachsenen vorschrieben, akzeptieren und in der Hoffnung auf Heilung mitmachen? Oder sollte er die Behandlung verweigern und der Krankheit ihren Lauf lassen? Konnte denn die Krankheit so viel schlimmer sein als die Behandlung? Ich fragte mich, ob er mich vielleicht bat, für ihn einzutreten, um ihn vor seinen Eltern und seinen Chirurgen zu beschützen. Dieser kleine Junge, der so tapfer kämpfte, forderte mich auf, mich mit ihm zu verbünden. Klar und nachdrücklich suchte er meine Unterstützung und brachte mich in einen Konflikt. In welchem Stadium sollte er das letzte Wort haben? Konnte er tatsächlich die Behandlung verweigern? Wie heilsam konnte eine Behandlung überhaupt sein? Der Begriff »Lebensqualität« ging mir immer wieder durch den Kopf. Ich wußte, daß man Ärzte oft beschuldigte, das Leben auf Kosten der Patienten zu verlängern. Ich wußte, daß einer der mir damals weniger bewußten Gründe für meine Entscheidung, Psychiater zu werden, der gewesen war, auf diese Weise einer Entscheidung aus dem Weg gehen zu können, die ein Chirurg treffen muß: operieren oder nicht.

Michael unterbrach meine Überlegungen. »Es endet immer damit, daß ich den Mund halte. Ich sage kein einziges Wort. Auf diese Weise weiß niemand, was ich wirklich denke oder fühle und wieviel Angst ich habe.«

»Aber so erfahren sie auch nicht, daß du wütend auf sie bist und dir manchmal wünschst, ihnen weh zu tun, so wie sie deiner Ansicht nach dir wehgetan haben.«

»Woher weißt du das bloß?« fragte er erstaunt.

»Du hast uns durch deine Zeichnung gezeigt, was du fühlst. Als du das gesunkene Schiff auf alle anderen Schiffe im Wasser hast schießen lassen.«

»Nun, das sollte zeigen, was sie mir angetan haben, was sie mir vielleicht noch antun werden. Und zum Teil auch, was ich ihnen gern antun möchte. Manchmal fühle ich mich, als ob ich ihnen zur Abwechslung gern mal weh tun würde. Bei anderen Gelegenheiten sind sie wirklich nett zu mir, und ich weiß, daß sie versuchen, mir zu helfen. Und dann bin ich wieder traurig, weil ich fühle, daß sie gemein zu mir sind, und weil ich ihnen weh tun will.«

»Du hast sehr intensive Gefühle in beiden Richtungen, Michael. Es muß sehr schwer sein, alle diese Gefühle zu ertragen — und auch verwirrend, wenn sie gleichzeitig so widerstreitend sind.«

»Wirklich verwirrend«, erwiderte er. »Und dann wird es noch schwieriger, denn wenn Leute wütend auf andere sind, so daß sie ihnen wirklich weh tun wollen, dann haben sie oft das Gefühl, daß sie selbst böse sind.«

»Und wenn sie gerne nett zu anderen Leuten sind, dann haben sie das sichere Gefühl, daß sie selbst nett und gut sind.«

Michael dachte meinen Gedanken zu Ende. »Da gibt es noch etwas, wovor ich Angst habe. Daß ich nämlich, wenn ich dann doch etwas sage, einfach herausschreie, wie wütend ich auf sie bin. Das endet damit, daß ich wie ein Dummkopf dasitze. Dann denken sie, daß ich einfach blöd bin.«

»Glaubst du denn, daß du dumm bist?«

»Nein!«

»Ich glaube, die anderen erkennen, wie verängstigt du bist und daß du aus diesem Grund so still bist.«

»Vielleicht rede ich beim nächsten Mal mit ihnen.«

Dann begann er über seine besondere Beziehung zu seinem Vater zur sprechen.

»Er setzt sich hin und strengt sich schrecklich an, mit mir über das zu reden, was nicht in Ordnung ist. Ich lasse ihn nicht. Ich will überhaupt nicht darüber reden.«

»Worüber sprichst du denn sonst noch mit ihm, Michael?«

»Über die Schule, glaube ich. Aber darüber will ich auch nicht reden. ›Wie geht's denn in der Schule? Lernst du was? Was hat denn der Doktor gsagt? Warum hast du Anthony das und das getan?‹« Er imitierte seinen Vater.

»Möchtest du denn gerne mit ihm reden?« fragte ich.

»Ich möchte gerne mit ihm balgen, aber ich glaube, er denkt, ich bin zu groß dazu. Und ich habe auch Angst, daß ich ihn verletzen könnte.« Offensichtlich machte sich Michael Sorgen, er könne seinem Vater aus einem Impuls heraus weh tun. Und offenbar befürchtete er auch, seinen Vater während des Spiels unabsichtlich mit seinem Haken verletzen zu können. Sein Gesichtsausdruck war teils verwirrt, teils amüsiert. »Sag mal, vielleicht hat er Angst, ich könnte ihm weh tun?« Sein Gesicht wurde sehr ernst, und er saß einen Augenblick schweigend da. »Vielleicht möchte er auch gerne mit mir spielen, so wie wir es früher getan haben.« Michael benahm sich, als habe er soeben eine aufregende neue Entdeckung gemacht. »Vielleicht kann ich ihm helfen, wenn er etwas repariert oder wenn er den Rasen mäht.« Er schien von dieser Idee entzückt zu sein.

Als er mein Behandlungszimmer verließ, hatte sein Schritt neuen Schwung. Er sah so unbeschwert und glücklich aus wie schon seit langem nicht mehr.

Die Gedanken, die sich Michael über seinen Vater machte, schienen ein erster Schritt zur Lösung seiner Probleme mit anderen Menschen zu sein. Er würde genießen, wieder mit seinem Vater zusammen zu sein. Er hatte begonnen, sich auszumalen, was er mit seinem Vater gemeinsam tun konnte — beispielsweise sich zu balgen — und ihm war klargeworden, daß in Wirklichkeit er und nicht sein Vater damit aufgehört hatte. Er war weder zu gefährlich noch zu alt, um mit seinem Vater zu ringen.

Diese Überlegungen zeigten ein wichtiges Stadium in Michaels Entwicklung an. Er hatte einen Punkt erreicht, an dem er seinen Vater nicht mehr bloß als jemanden betrachtete, mit dem er in Konkurrenz treten, den er fürchten oder als seinen Feind behandeln mußte. Er war bereit zu gemeinsamen Unternehmungen, die ihnen beiden etwas geben konnten, und ich hoffte, daß dies der Anfang zu einer Lösung des ödipalen Konflikts war. Im Grunde hatte sich Michael das Motto der meisten Jungen angeeignet: »Wenn man ihn nicht besiegen kann, muß man sich mit ihm verbünden.«

In dieser Sitzung hatten sich mehrere wichtige Dinge ereignet. Das erste war: Obgleich Michael es schon früher gewußt hatte, hatte er mir gegenüber zum ersten Mal zugegeben, daß er an Krebs litt und sich im Klaren darüber war, daß dies eine lebensgefährliche Bedrohung war. Natürlich fand er es sehr schwierig und sehr frustrierend, sich mit seiner Krankheit auseinanderzusetzen.

Ich war sicher, daß es immer noch viele Fragen gab, die er nicht gestellt hatte. Bis jetzt hatte er einen großen Teil seiner Frustration gegenüber seinen Ärzten und Eltern dadurch abgelenkt, daß er so tat, als wären sie die eigentliche Bedrohung. Es war für ihn leichter, *sie* als Feinde zu behandeln, denn sie waren wenigstens menschliche Wesen, mit denen er sich auseinandersetzen, die er sehen und berühren konnte. Vielleicht konnte er sogar lernen, sich gegen sie zu wehren. Aber wie sollte er sich je gegen die Krankheit wehren? Da gab es nichts Konkretes, das er fassen konnte. Das war die schlimmste Angst und Frustration.

Michael war noch nicht so weit, sich auf den Tod als seinen Feind konzentrieren zu können. Stattdessen richtete er seine Aufmerksamkeit auf die Frage, wie er sich gegenüber den Menschen verhalten sollte, die — wie er sich langsam eingestand — nicht seine Feinde waren. Über lange Zeit hatte er im Umgang mit den Leuten, die er als Bedrohung betrachtete, eine stumme, passive Abwehrhaltung eingenommen. Auf diese Weise konnte er auch der drohenden Gefahr begegnen, vielleicht seine Selbstkontrolle zu verlieren. Seine Angst davor, denen gegenüber, die ihm eigentlich helfen wollten, seinen Zorn hinauszuschreien, zeigte, daß er sich deswegen Sorgen machte. Ich hielt das für eine gute Entwicklung in der Behandlung seiner Probleme. Es bestand zwar die Möglichkeit, daß er Angst hatte, über seine Todesfurcht zu reden, aber ich hielt es für sehr wahrscheinlich, daß ihm in diesem Augenblick seine Beziehungen zu anderen Menschen sehr viel wichtiger waren. Angesichts seiner aggressiven, auf Vergeltung gerichteten Gefühle und des schwachen Selbstwertgefühls, das er aufgrund seiner defensiven, passiven Haltung angenommen hatte, suchte er einen festen Halt. Er war mit beiden Verhaltensweisen unzufrieden.

Meine Überlegungen riefen in mir einen anderen Konflikt

wach. Es war mir zwar eine Freude, Michaels Fortschritte zu beobachten, aber sie machte mir zugleich die Schwierigkeit unserer Aufgabe schmerzhaft bewußt. Michael mußte sich nicht nur mit den normalen Problemen eines Jungen seines Alters auseinandersetzen, sondern auch mit der Möglichkeit oder gar der Wahrscheinlichkeit seines baldigen Todes. Wie konnte ich ihm helfen, mit den ganz normalen Problemen eines Jugendlichen seines Alters fertig zu werden, und sich gleichzeitig der Tatsache zu stellen, daß sein baldiger Tod wahrscheinlich war — eine Wahrscheinlichkeit, mit der sich normalerweise nur Ältere konfrontiert sehen? Meiner Empfindung nach mußte die zweite Aufgabe Vorrang haben. Michael mußte sich mit dieser grausamen Realität auseinandersetzen, auf Kosten der normalen Aktivitäten eines Zehnjährigen.

Wieder fühlte ich den Zeitdruck, aber zwei Gedanken trösteten mich. Der eine war, daß Michael es geschafft hatte, bis jetzt zu überleben, ohne daß sich der Krebs wieder gezeigt hatte. Die zweite Überlegung war, daß Michael der Aufgabe gewachsen schien, sich emotional zu entwickeln, während er sich zugleich gegen den Krebs und die Bedrohung durch den Tod behauptete. Die Situation war entschieden hoffnungsvoll.

Fünf Jahre

Fünf Jahre. Für die meisten von uns ist das eine hübsche runde Zahl, vielleicht ein Meilenstein. Für jeden, der an einer bösartigen Wucherung leidet, ist es die kritischste Phase der Behandlung. Wenn eine bösartige Wucherung behandelt und eingedämmt worden ist, beginnt für den Patienten eine fünfjährige Wartezeit. Zeigen sich innerhalb dieser Spanne keine neuen Wucherungen, dann besteht eine gute Chance, daß die Krankheit besiegt und eine Heilung erreicht wurde.

Fünf Jahre, 60 Monate, 260 Wochen, 1826 Tage, 43 824 Stunden. Ob die Zeit fliegt oder schwer auf uns lastet, das hängt davon ab, in welchem Zustand wir uns befinden. Wenn wir uns Sorgen machen, dann zieht sie sich endlos hin, denn dann sind wir die Passiven, die Abhängigen, die sich zusammennehmen und auf Ergebnisse warten müssen. Wenn wir allerdings dem Tod gegenüberstehen, dann versuchen wir vielleicht, so viel wie möglich in das Leben zu packen, und dann geht die Zeit zu schnell vorüber.

Als Michaels Therapeut erlebte ich beides. Und so ging es auch den Gardners und Michael selbst. Fünf Jahre schienen eine lange Wartezeit für den erhofften Erfolg der Behandlung. Doch falls der Krebs sich wieder zeigte, war die Zeit sehr kurz, um mit der Krankheit fertigzuwerden und den Versuch zu unternehmen, sie zu heilen. Wenig Zeit, um zu lernen, ein erfülltes Leben zu leben und sich zugleich dem nahen Tod zu stellen.

Fünfundfünfzig der sechzig Monate waren vorüber. Die letzte Routineuntersuchung vor Ablauf der magischen fünf Jahre näherte sich rasch. Wir unterließen es noch, unsere Erleichterung zu zeigen, aber jetzt hatte die Hoffnung die Oberhand. Die nagenden Zweifel waren — fast — verstummt. Es stand nur noch eine Untersuchung bevor.

Am Tag der entscheidenden Untersuchung brach Michael sein beharrliches Schweigen und sprach mit seinem Arzt. Er bemerkte, daß seine Röntgenaufnahme anders aussah als die vorhergehenden und überraschte alle im Behandlungszimmer, indem er herausplatzte: »Diese Aufnahme ist anders als die letzte!« Als man ihn bat, das zu erklären, zeigte er auf eine Gasansammlung in seinen Därmen. »Das ist kein Grund zur Sorge«, sagte man ihm, nachdem der Arzt sein Erstaunen und seine Freude über Michaels Intelligenz zum Ausdruck gebracht hatte. Michael berichtete mir befriedigt, dem Doktor gezeigt zu haben, daß er kein Dummkopf war, und er war erleichtert, daß alles in Ordnung zu sein schien.

Ein paar Tage später rief der Arzt Mrs. Gardner an. Bei genauerer Betrachtung der Röntgenaufnahmen war ein verdächtiger Schatten hinter Michaels Herz entdeckt worden. Ob Michael wohl zu einer weiteren Untersuchung, zu weiteren Röntgenaufnahmen ins Krankenhaus kommen könne?

Es gibt keine Worte, die Tränen der Verzweiflung und Enttäuschung zu beschreiben, die die Gardners an diesem Tag vergossen. Mr. Gardner versuchte, seine Frau zu trösten und ihr Mut zu machen. Er wiederholte den Ausdruck »verdächtiger Schatten«, Konkretes war nicht entdeckt worden. Sie durften nicht pessimistisch sein, bis jetzt hatte sich die Hoffnung gegen Furcht und Zweifel durchgesetzt. Sie hatten Glück gehabt, und dieses Glück würde sie auch jetzt nicht im Stich lassen. Aber Mrs. Gardner wußte es genau. »Ich habe die ganze Zeit erwartet, daß sie etwas finden würden. Und jetzt fing ich gerade an zu hoffen, daß vielleicht doch alles in Ordnung wäre . . .« Ihre Stimme versagte.

Auch mich schockierten die Neuigkeiten, und ich fürchtete das Schlimmste. Bis jetzt hatte ich mir die Annahme gestattet, daß der Krebs geheilt war. Der Gedanke an das, was Michael zu ertragen hatte, wenn die Zweifel des Arztes sich bestätigten, war qualvoll. Und was mich selbst betraf, so wußte ich, daß es mich mit Verzweiflung erfüllen würde, wenn diese dynamische, bewundernswerte kleine Persönlichkeit, die ich so gut kennengelernt hatte, sterben mußte. Der Gedanke an Michaels Schicksal machte mich wütend. Warum hatte Gott zugelassen, daß das geschah? Warum konnten wir so wenig tun, um ihm zu helfen?

Am nächsten Tag bewahrheiteten sich unsere Befürchtungen. Eine sehr gründliche Untersuchung der Röntgenaufnahmen hatte im Mediastinum eine Wucherung erkennen lassen, die zum größten Teil vom Herzen verdeckt wurde. Meine Fragen kreisten um die Prognose. Würde der Tumor eine Hauptschlagader durchdringen und den sofortigen Tod herbeiführen? Oder würde er um die lebenswichtigen Organe herumwuchern und langsam das Leben abschnüren? Wie lange würde das alles dauern? Würde Michael einen langen, kräftezehrenden Tod haben? Darauf gab es keine exakten Antworten. Mr. Gardner wollte wissen: »Kann die Wucherung schon vorher dagewesen sein, ohne daß sie entdeckt wurde?« Traurigerweise bestätigte die Antwort, wie zutreffend seine Vermutung war: »Das Herz ist ziemlich groß. Die Wucherung könnte schon seit langer Zeit dort gewachsen sein, ohne daß sie sichtbar wurde.« Wie lange der Tumor schon da war, konnte niemand sagen, aber es hätte auch keinen Unterschied gemacht, denn so wie er hinter Michaels Herz lauerte, hätte er nicht früher entdeckt werden können. Unser aller Gedanken wandten sich also der unmittelbaren Zukunft zu.

Welche Maßnahmen sollten nun unternommen werden? Sofortige Operation, Chemotherapie oder Radiumbestrahlung? Wenn es überhaupt eine Chance gab, den Tumor herauszuschneiden, dann sollte die Operation stattfinden. Wenn der Tumor nicht operabel war, würde ein Eingriff nur unnötigerweise seelische Schäden auslösen. Obgleich die Gardners akzeptierten, daß Michael an Entscheidungen, die seine Krankheit betrafen, beteiligt wurde, bestand sein Vater darauf, daß er in diesem Fall zu entscheiden hatte. Die Gardners willigten zwar ein, das Problem mit Michael zu diskutieren, aber letztlich sollte ihre auf Empfehlung der Ärzte beruhende Entscheidung den Ausschlag geben. Man beschloß, daß eine Operation das Beste wäre. Michael erzählte mir von der Diskussion, die er mit seinen Eltern geführt hatte. Er bemerkte in sarkastischem Tonfall, daß die Operation alle seine Pläne störte. Sein Kommentar enthüllte seine Unsicherheit bei dem Gedanken an eine erneute Operation, aber auch seinen entschlossenen Kampfesmut. Er glaubte nicht, daß bei der Operation etwas schiefgehen könnte. Seinen Arm hatten sie ihm schon genommen, und »jedenfalls«, so sagte er, »können sie mir das Herz nicht nehmen.«

»Niemand wird dir je dein Herz nehmen können, Michael, aber ich bin sicher, daß du dir Sorgen machst, und es ist wichtig, daß wir darüber sprechen.«

Michael setzte sich nachdenklich zurück und sagte dann: »Morgen gehe ich ins Krankenhaus und werde wieder operiert. Es bekümmert mich, daß ich meine Sitzungen hier verpasse, und ich bin wütend, weil ich ihnen selbst gesagt habe, daß mit der letzten Röntgenaufnahme etwas nicht in Ordnung war. Aber sie haben mir nicht geglaubt.« Er stockte, dann fügte er hinzu: »Wie auch immer — kannst du mich im Krankenhaus besuchen?«

»Das werde ich ganz bestimmt tun. Ich werde nach der Operation dort sein und dich immer dann besuchen, wenn wir normalerweise hier eine Sitzung gehabt hätten.«

»In Ordnung, dann sehen wir uns.«

»Viel Glück, Michael. Wir hoffen alle mit dir.«

Als Michael an diesem Tag aus meiner Praxis ging, verließ mich ein lieber Freund und kein Patient.

Keine Antworten

Als ich Michael wiedersah, lag er auf der Intensivstation, was nach einer Brustoperation routinemäßig angeordnet wird. Er hatte Beruhigungsmittel bekommen, so daß es ihm schwerfiel zu sprechen. In seiner Brust und in seinem Arm steckten Schläuche. Sein blondes Haar und sein bleiches Gesicht hoben sich kaum von den gestärkten weißen Laken ab.

Der Tumor hatte sich entlang der Herzkranzgefäße ausgebreitet. Es hatte keine Möglichkeit gegeben, ihn herauszuschneiden, er galt als ›inoperabel‹. Es wurde zunehmend schwierig, noch zu hoffen, denn die Größe des Tumors deutete darauf hin, daß wenig Wahrscheinlichkeit für eine Heilung bestand. Jetzt mußte entschieden werden, ob Michaels Leben mit Radiumbestrahlung oder mit Chemotherapie verlängert werden sollte. Ihn selbst ängstigte es im Augenblick am meisten, nicht zu wissen, was um ihn herum passierte. Er war an Monitore angeschlossen, die unterschiedliche Piepgeräusche machten. Gelegentlich hörte er eine Klingel oder ein sirenenartiges Geräusch, mit dem eine Notsituation bei einem anderen Patienten angezeigt oder das Personal daran erinnert wurde, eine Infusionsflasche zu wechseln. Aber bei Michael (und wohl auch bei den meisten anderen Patienten der Intensivstation), der unbeweglich dalag und dieser Atmosphäre nicht entgehen konnte, riefen die Geräusche nur Panik hervor. Als ich ihm erklärte, was da vor sich ging, schien er sich ein wenig zu entspannen. Es beruhigte ihn auch, wenn man über den Ablauf der Zeit redete — den Morgen, den Abend, die Nacht. Da die Patienten auf der Intensivstation rund um die Uhr versorgt werden, haben sie oft das Gefühl, von der Außenwelt abgeschnitten zu sein, und in gewisser Weise sind sie das ja auch. Michael schien auf alle Anstrengungen, ihn mit dem normalen Leben in Kontakt zu halten, positiv zu reagieren: »Jetzt ist es Nacht, Michael, Zeit zum Schlafen . . .«

Eines Tages sprachen wir über unsere ersten Sitzungen, wie Michael das Unbekannte gefürchtet, den Hinweisen mißtraut und sie fehlinterpretiert hatte. Das war durch die Furcht vor seinen Eltern, sein Mißtrauen ihnen gegenüber und auch durch die Angst deutlich geworden, die er hatte, mit mir in meinem Behandlungszimmer alleingelassen zu werden.

»Jetzt vertraue ich dir«, sagte er. Dann fragte er: »Werde ich je wieder dieses Bett und dieses Zimmer verlassen?«

»Das wirst du ganz sicher, in ein oder zwei Tagen«, versicherte ich ihm.

Er hatte mich nicht gefragt, ob er geheilt werden würde. Wir wußten beide, daß eine Heilung nicht mehr möglich war, aber es dauerte einige Tage, bis Michael offen davon sprach.

Drei Tage nach der Operation sagte er geradeheraus: »Sie haben den Tumor nicht, der Tumor hat mich!«

Ich wartete, daß er fortfuhr, und nach einigen Minuten, in denen nur die Geräusche der komplizierten Maschinen zu hören waren, tat er es.

»Ich will bloß nach Hause gehen, ich habe eine Menge zu tun. Über Krankheit will ich nicht reden, nur über das, was ich noch tun kann. Noch tun muß. Es gibt da eine Menge Dinge, die du nicht kannst und mein Vati und meine Mutti auch nicht. Siehst du, der Doktor wollte mir wirklich helfen, aber er konnte den Tumor nicht herausholen. Na und? Keiner kann alles.

Auf jeden Fall werden die Ärzte eine andere Medizin versuchen. Warum haben sie es überhaupt nicht zuerst mit dieser Medizin versucht? Na, ich nehme an, daß sie wissen, was sie tun — ich hoffe es jedenfalls.«

Ich versuchte nicht, ihn zu unterbrechen. Michael stellte mir keine Fragen. Die Antworten, die er gab, hatte er selbst gefunden.

Er kämpfte nun gegen eine medizinische Tatsache. Nein, es war mehr als das, es war eine Wahrheit. Wir versuchen immer, das Beste zu hoffen; wenn es mißlingt, beginnen wir, uns nach Alternativen umzuschauen. Und wenn diese weniger und weniger greifbar sind, fühlen wir uns zunehmend verzweifelt. Entweder geben wir dann auf, oder wir suchen weiter und das noch intensiver. Alle Betroffenen schauten mit wachsender Verzweiflung nach allem aus, was noch Hoffnung auf Rettung versprach.

Während ich versuchte, Michael durch diese Zeit zu helfen, staunte ich häufig über die Entschlossenheit, mit der er seine Ziele verfolgte. Er hatte weder Zeit, noch Energie, noch Interesse für irgendwelche Ablenkungen. Der Unterschied zwischen ihm und seinen Altersgenossen war ihm sehr bewußt, und er hatte kaum engere Beziehungen zu anderen Kindern. Obgleich er jetzt ein Alter erreicht hatte, in dem die meisten Jungen mit neuen Augen auf Mädchen sehen, machte er keine Andeutung, jetzt mehr als früher an Freundschaften mit Mädchen interessiert zu sein. Zuerst fragte ich mich, ob er mir nur nichts von seinen Schwärmereien erzählte, aber später wurde mir klar, daß es keine gab. Michael hatte keine Zeit für die normalen Zerstreuungen eines Zwölfjährigen. Er setzte sich mit dem Tod auseinander, den übrigen Teil der Welt schloß er aus seinem Leben aus, in Vorbereitung auf den Zeitpunkt, an dem er selbst ausgeschlossen wurde. Während der nächsten Monate lernte ich, mich damit abzufinden, daß Michaels psychische

Entwicklung durch seine Krankheit ebenso behindert wurde wie die seinem Alter entsprechenden Aktivitäten. Er wurde schnell erwachsen, so schnell, daß die normalen Erfahrungen der Knabenzeit geopfert werden mußten.

Ich mußte mir klarmachen, daß Menschen bestimmte Einschränkungen akzeptieren und den Willen haben müssen, ihre Ziele und Richtungen zu verändern. Es war Michael, der seine Therapie kontrollierte, nicht ich. Gelassen akzeptierte er die Beschränkungen in seinem Leben. Auch ich würde das lernen müssen. Michael wurde zum Lehrer und ich zum Schüler.

Vierter Teil:
Stürmische See

Das Schiff ist auf See, aber die Elemente und andere Schiffe in der Nähe bedrohen sein Überleben. Ein wütender Sturm macht es dem Kapitän schwer zu unterscheiden, welches der Schiffe freundlich und welches feindlich gesonnen ist. Blitze zucken. Man kann nicht feststellen, ob Bomben explodieren oder ob der Donner kracht. In dieser Verwirrung kann der Kapitän nicht sicher entscheiden, ob überhaupt andere Schiffe auf sein eigenes schießen. Er weiß nur, daß er bedroht ist und sich wehren muß.

SOS!

Elf Tage nach seiner Operation kam Michael aus dem Krankenhaus. Er konnte alles tun, was er vorher getan hatte, wenn er sich dabei auch nicht überanstrengen durfte. Er war jetzt zwölfeinhalb Jahre alt und seine zunehmende Fähigkeit, mit seiner Situation fertigzuwerden, war bemerkenswert. Ich selbst war immer verzweifelter, daß ich an seiner Lage nichts ändern konnte. Michael würde bald sterben, und ich wußte, wie schwer das für mich sein würde. Die Ineffektivität meines eigenen Berufes frustrierte mich. Warum konnten wir Ärzte ihn nicht heilen? Warum war ich, in meiner Eigenschaft als Psychiater, so eingeschränkt in meinen Möglichkeiten? Ich war mir schmerzhaft der Tatsache bewußt, daß wir keine Zeit mehr haben würden, Probleme zu diskutieren, denen Michael sich noch nicht gestellt oder die er noch nicht gelöst hatte. Ich mußte Michael helfen, sich mit seiner Krankheit in dem ihm gemäßen Rhythmus auseinanderzusetzen. Eine Woche später linderte er meine Verzweiflung ein wenig, indem er meine Geduld mit einer Sitzung ganz besonderer Art belohnte.

Er begann mit der Frage: »Erinnerst du dich noch an meine Frage, ob die Leute, die zu dir kommen, verrückt sind? Also, ich bin weder verrückt noch dumm, noch ein Krüppel. Zuerst haben meine Eltern mich ins Westminster Hospital gebracht. Ich war überhaupt nicht krank, aber dort haben sie mich krank gemacht. Sie haben mich operiert, und dann haben sie mich an diesen Ort für behinderte Kinder gebracht. Ich bin nicht behindert — ich kann reden, ich kann gehen, und ich kann rennen und Schlittschuhlaufen.« Er zählte die Aktivitäten auf, an denen er Spaß hatte. In seinen und in den Augen seiner Eltern und Therapeuten war er kein Krüppel. In Wahrheit war er ein Kämpfer, aber bislang hatte er seine Energie dazu benutzt, eine schweigende Protesthaltung einzunehmen, die seine Gefühle nicht erkennen ließ.

»Hast du je darüber gesprochen, wie du über das Krankenhaus und über das Behindertenzentrum dachtest?« fragte ich ihn.

»Das hätten sie selbst wissen können«, war seine kurze Antwort.

»Aber wenn sie es nicht wissen, solltest du es ihnen dann nicht sagen?« fragte ich.

»Das würde auch nichts nützen«, erwiderte er.

»Ich weiß, daß es da einiges gibt, woran sie nichts ändern konnten, wovor sie dich nicht beschützen konnten, Michael. So wie die Operationen zum Beispiel. Aber wenn du ihnen erzählt hättest, was du von den anderen Dingen gehalten hast, hätten sie dich vielleicht verstanden, und du hättest einiges ändern können.«

»Sie wären wütend auf mich geworden.«

»Ist das denn schlimm, wenn Leute wütend aufeinander sind? Was passiert denn dann?«

Eine Weile saß er schweigend da, dann sagte er: »Früher habe ich gedacht, wenn ich wirklich richtig wütend auf sie bin, würden sie mich fortschicken.« Er warf mir einen schnellen Blick zu, während er das sagte. Sein Kommentar war Frage und Feststellung zugleich.

»Hast du davor wirklich Angst gehabt, Michael?« fragte ich. Als er nicht antwortete, fügte ich hinzu: »Weißt du, das denken viele Kinder — daß ihre Eltern sie fortschicken würden, wenn sie wüßten, wie wütend sie sind. Deshalb zeigen sie ihren Ärger auf andere Weise, statt mit ihren Eltern darüber zu sprechen. So wie du es getan hast, als du nicht mit ihnen reden oder als du nicht aus dem Sommerlager für behinderte Kinder nach Hause kommen wolltest. Oder auch jetzt, wo du ihnen nicht erzählen willst, warum du nicht in die Schule gehen magst.«

»Aber sie haben mich in das Sommerlager geschickt, obwohl ich ihnen gesagt habe, daß ich nicht dorthin will.«

»Hast du ihnen gesagt, warum du nicht gehen wolltest?«

»Das mußte ich nicht.«

»Ich weiß, daß du das nicht mußtest, aber weil du es ihnen nicht gesagt hast, wußten sie nicht, was sie tun sollten. Sie wußten nicht, *warum* du nicht dorthin wolltest, deshalb haben sie dich trotzdem geschickt. Und dann hast du darunter gelitten und sie haben darunter gelitten.«

»Ich mag es nicht, wenn die Leute mich als Krüppel betrachten. Ich mag es nicht, wenn die Leute auf meinen Arm starren. Sogar die Frau, die nach mir an der Reihe ist, starrt mich im Wartezimmer an. Irgendwann wird sie tun, was alle Erwachsenen tun und mich fragen: ›Was ist dir denn zugestoßen, mein Kleiner?‹ Und dann haue ich ihr meinen Haken direkt in die Schnauze!«

»Du willst nicht, daß sie Mitleid mit dir hat, nicht wahr?«

»Mit mir muß man kein Mitleid haben«, erwiderte er.

»Hast du jemals den Leuten gesagt, daß es dich stört, wenn sie dich anstarren? Dann hören sie vielleicht auf damit.« Ich wußte, daß Michael mir zu erklären versuchte, daß er das Bedauern Fremder so wenig ertragen konnte wie sein eigenes Selbstmitleid; und ich versuchte, ihm zu zeigen, daß es für ihn Wege gab, sich zu verteidigen. »Wenn du ihnen leid tust, hast du dann Angst, daß sie herausfinden könnten, daß du dir selbst auch leid tust wegen alledem, was dir geschehen ist?«

»Ich tue mir selbst nie leid!« schrie er mich an, wobei seine

Augen zornig blitzten. Er hob den Haken abwehrend vor sein Gesicht und straffte seine Schultern wie in Habachtstellung. Sein gerötetes Gesicht zeigte, wie verlegen er war. Hatte ich ihn ertappt oder beleidigt?

»Ich bin erstaunt, daß du es nicht tust. Ich würde mich jedenfalls bedauern — wenigstens ein bißchen.« Ich versuchte, ihm beizustehen. Er saß schweigend und aufrecht da, ein rebellischer Glanz in seinen Augen: Dann ließ er allmählich die Schultern hängen, als ob ihn das Gewicht der eben entdeckten Gefühle niederdrückte.

Plötzlich setzte er sich wieder aufrecht hin und hob den Kopf. »Ich will jetzt die Bilder«, befahl er.

Wir gingen zusammen die Bilder holen, die in den letzten drei Monaten nicht angefaßt worden waren. Er legte sie auf den Tisch, auf dem er sie vor fast zwei Jahren gemalt hatte, und starrte sie an. Er rutschte in seinem Sessel hin und her, schaute auf mich, dann auf die Bilder und richtete dann wieder den Blick auf mich. Er griff den Bleistift, zeichnete einige Linien in das gesunkene Schiff und brach das Schweigen mit den Worten: »Das Funkgerät auf dem Schiff ist repariert worden.«

Wieder herrschte einen Augenblick lang Schweigen, dann deutete Michael auf das gesunkene Schiff und sagte: »Ich rufe alle Schiffe! Ich rufe alle Schiffe! SOS! SOS! Hört ihr mich? Ende!«

Jetzt wies er auf das Wachschiff und gab die Antwort auf seine Frage, wobei er eine tiefere, erwachsenere Stimme imitierte: »Wir hören euch, wir hören euch laut und deutlich! Ende!«

Dann sagte Michael zu mir: »Ich will jetzt gehen. Ist es soweit?«

Ich sagte: »Es ist soweit, Mike«. Ich dachte: Heute haben wir einen wichtigen Schritt getan, Michael. Du hast gerade eine weitere Etappe auf dem Weg zur Herstellung von Beziehungen mit der Außenwelt zurückgelegt.

Ja, es war gewiß an der Zeit. ›SOS‹ bedeutete, daß Michael mit seinem Leben weiterkommen wollte. Vier Jahre waren vergangen, seit er seinen Arm eingebüßt hatte; den größten Teil dieser Zeit hatte ich als leidlich geduldeter Verbündeter an seiner Seite gestanden. Ich fand, daß Michaels Selbstisolation ein kluger Weg gewesen war, mit seinem furchtbaren Unglück fertigzuwerden. So hatte er versucht, die Kontrolle über die Vorgänge zu behalten und sich gegen sie zur Wehr zu setzen. Er hatte nicht aufgegeben, hatte sich nur zurückgezogen, vielleicht um herauszufinden, was um ihn herum und in ihm vor sich ging. Dennoch wußte ich, daß Michael keine einzige positive Erfahrung des Lebens würde genießen können, wenn er sich weigerte, aus seinem sicheren Kokon der Trauer herauszukommen.

Auch Michael wußte das. Sein »SOS« war nicht nur ein Hilferuf, sondern auch ein deutliches Signal, daß er wieder Verbindungen zu den Menschen aufnehmen und erneut beginnen wollte, sich durch Worte auszudrücken. Ich vermutete, dieser Augenblick hatte so lange auf sich warten lassen, weil auch Michael wußte, wie hochexplosiv die Wiederaufnahme dieser Beziehungen sein würde.

Voodoo

Die Aufregung und Erwartung, die ich bei Michaels Rückkehr aus der Isolation empfand, wurden bald durch Gefühle der Verwirrung und Unsicherheit ersetzt, als mir die Folgen seiner Entscheidung klar wurden. Auf die »SOS«-Sitzung folgte die anstrengendste Periode überhaupt, in der meine Fähigkeiten als Michaels Therapeut auf eine Zerreißprobe gestellt wurden.

Neben anderen Spielzeugen gab es in meinem Spielzimmer auch ein Puppenhaus. Es enthielt eine Familie mit Eltern und Kindern und war so ausgestattet, daß Schlafen, Essen und die Tätigkeiten in Wohn- und Badezimmer dargestellt werden konnten. In den mehr als vierzig Monaten, die Michael jetzt in meine Praxis kam, hatte er nie auch nur einen Blick auf das Puppenhaus geworfen. Jetzt ging er hin und nahm, ohne zu zögern, die Puppenfamilie heraus. Interessiert beobachtete ich, wie er die Kinder beiseite legte und die Puppen der Erwachsenen behielt. Was würde er mit ihnen machen?

»Gibt es noch mehr von diesen großen Puppen?« Seine Stimme war harsch, grob und distanziert.

»Ich habe nur zwei.« Mir war, als müsse ich mich entschuldigen.

»Dann besorg noch mehr«, befahl er. »Ich hoffe, du hast hier irgendwo Bindfaden?« Er war der Obermaat, der es mit einem unbotmäßigen Matrosen zu tun hatte.

Als ich ihm etwas Bindfaden brachte, drehte er mir den

Rücken zu, so daß mein Blick völlig abgeschirmt wurde von dem, was er da gerade begann. Er kreischte und kicherte vor Vergnügen und war völlig in seine Beschäftigung versunken. Ich rutschte in meinem Sessel hin und her und versuchte, Einblick zu bekommen in das, was er tat. Obgleich er mir den Rücken zukehrte, ahnte er meine Bewegung und reagierte mit einer Drehung seines Körpers, wodurch er meinen Blick wie mit einer Mauer abschirmte.

Ich war wie vor den Kopf geschlagen. Was war aus der Eröffnung von Kommunikationsmöglichkeiten geworden? Ich fühlte mich wie ein Eindringling und kämpfte gegen die Frustration, die in mir aufstieg. Da ich wußte, daß er mir zu verstehen gab, ich solle mich nicht einmischen, widerstand ich dem Drang, aus meinem Sessel aufzustehen und über seine Schulter zu schauen. Mir schoß der Gedanke durch den Kopf, daß es mir jetzt wohl so ging wie Mr. Gardner, als Michael sich nach der Operation weigerte, mit ihm zu sprechen. Ich zwang mich, in meinem Sessel sitzenzubleiben, und schaute auf Michaels Rücken, der sich vor mir erhob. Immer wieder hörte ich Kreischen und Kichern, gelegentlich unterbrochen von bösartigem Geschrei und begleitet von krampfhaften Bewegungen seines Rückens, der sich plötzlich krümmte. Nachdem ich etwa fünfzehn Minuten, die mir wie eine Ewigkeit vorkamen, dagesessen und zugehört hatte, entschloß ich mich, eine Annäherung zu versuchen, indem ich das aussprach, was ganz offensichtlich war.

»Ich kann nicht sehen, was du da tust, Michael«, sagte ich und hoffte, daß meine Bemerkung ganz beiläufig klang.

»Gut! Ich will nicht, daß du es siehst!« Seine Antwort klang ärgerlich und alles andere als beiläufig. Sein Rücken schien ein ganzes Stück gewachsen zu sein. Ich kämpfte gegen die Verzweiflung und die Enttäuschung, die in mir aufstiegen.

»In Ordnung, Michael, wenn du das wirklich willst. Aber wie

können wir dann verstehen, was geschieht?« Ich hoffte, daß meine Worte nicht ärgerlich oder strafend geklungen hatten.

Er reagierte zornig. »Laß mich in Ruhe, ja?« Während der restlichen Zeit arbeitete er weiter, während ich ihn schweigend aus der Ferne betrachtete — aus großer Ferne, wie es schien. Und ich hörte zu. Das Spiel, das Michael spielte, war nicht leise. Schauerliche Schreie, gräßliches Geheul und eine Art von sadistischem Kreischen kamen aus der Ecke, in der das Puppenhaus stand und auf die Michael mir die Sicht versperrte. Aber diese seltsame Veranstaltung sollte nicht meine einzige Enttäuschung an diesem Tag bleiben. Michael beendete die Sitzung so brummig, wie er sie begonnen hatte.

»Bring mir die Schachtel da her«, befahl er und deutete auf eine leere Zigarrenkiste auf dem Seitentisch. »Ich werde meine Sachen reinlegen, und wage ja nicht, da reinzuschauen!«

Ich widerstand der Versuchung, mich zu der plötzlichen Veränderung in seiner Haltung mir gegenüber zu äußern, holte ihm die Schachtel und sagte nichts über die provokante Art seines Benehmens. Die meisten Kinder, die mit dem Puppenhaus spielten, identifizierten dessen Bewohner mit ihrer eigenen Familie. Michael war da nicht anders. Ich wußte, daß er die größeren Puppen mit den Erwachsenen und die kleineren mit seinen Brüdern gleichsetzte. Er hatte die Puppenkinder beiseite geschoben und beanspruchte die Erwachsenen exklusiv für sich, indem er sie aus dem Puppenhaus entfernte und in die Zigarrendose legte. Während er das tat, hatte er darauf bestanden, das alles vor mir verborgen zu halten. Als letztes teilte er mir an diesem Tag mit, daß zwei Erwachsene nicht ausreichen würden. Er mußte mehr haben. »Und daß du sie mir ja besorgst«, sagte er drohend.

Ich war nicht nur verwirrt über diese Sitzung, ich empfand auch tiefe Enttäuschung. Hatte er denn nicht in der unmittelbar vorhergehenden Sitzung noch »SOS! SOS!« gerufen? Hatte er mir nicht gezeigt, daß er jetzt bereit war, über einige für ihn besonders wichtige Dinge mit mir zu sprechen? Hatte er mir nicht signalisiert, daß wir eine neue Ebene gegenseitigen Vertrauens erreicht hatten? Ich begann, mir Sorgen zu machen, ob das alles nicht zuviel für ihn gewesen war, ob er sich mir zu nahe gefühlt hatte und sich daher zurückziehen mußte. In der Vergangenheit hatte ich beobachtet, wie er andere isoliert hatte. Ich befürchtete, daß er das Gefühl hatte, zu verwundbar geworden zu sein, und daß wir beide jetzt dafür zahlen und seinen Rückzug akzeptieren mußten.

Bei unserem nächsten Treffen hatte er kaum das Zimmer betreten, als er schon fragte: »Hast du daran gedacht, die Puppen mitzubringen, nach denen ich gefragt habe?« Ich hatte daran gedacht, und ich fragte ihn, wieviele er brauchte.

»Eine ganze Menge«, war seine geschäftsmäßige Antwort. Er suchte sich sechs von ihnen aus, drei Männer und drei Frauen.

»Hast du in die Schachtel geguckt, während ich hier war?« fragte er.

»Du hast mir gesagt, daß ich das nicht tun soll«, antwortete ich.

Ich hatte mich versucht gefühlt, mich dann aber entschieden, es nicht zu tun. Er hatte mich darum gebeten, und ich war immer noch sicher, daß er mich letztlich an seinen Aktivitäten teilhaben lassen würde — aber erst, wenn er dazu bereit war.

In der folgenden Stunde spielte Michael genau so weiter wie beim letzten Mal. Er hatte mir den Rücken zugedreht und war damit beschäftigt, irgendetwas mit den Puppen zu tun. Die Geräusche, die ihm entfuhren, erinnerten mich an die Horror-Filme, die mir als Kind große Angst gemacht hatten. Meine Versuche, mich einzumischen, wurden rasch zurückgewiesen. Er arbeitete wie ein Besessener, pendelte vor und zurück, kreischte, kicherte, schrie. Ab und an richtete er sich plötzlich auf und schüttelte sich krampfartig. Das alles verbreitete kein besonders angenehmes Gefühl. Die Atmosphäre in meiner Praxis war einigermaßen unheimlich. Ich fühlte, daß ich zum Zeugen einer Beschwörung gemacht wurde. Als es für Michael an der Zeit war zu gehen, sah ich einen wilden Glanz in seinen Augen, einen Blick, der etwas Dämonisches hatte.

Michaels Aufregung hatte mich angesteckt, aber es lag nicht in meiner Macht, ihm zu helfen. Ich machte mir auch ziemliche Sorgen über die Auswirkungen, die solche Sitzungen auf sein alltägliches Leben hatten, aber ich dachte mir, daß seine Eltern mir davon erzählen würden, wenn sich sein Benehmen plötzlich völlig veränderte. Ich hielt mich an seine Mahnung — besser gesagt: an seinen Befehl — nicht in die Schachtel zu schauen und stellte sie vorsichtig an ihren Platz.

Ich war nicht besonders überrascht, als Mrs. Gardner mir bei einem unserer regelmäßig stattfindenden Treffs berichtete, daß es tatsächlich Veränderungen in Michaels Verhalten gab. Während er in der Vergangenheit seinen Eltern schweigend Widerstand geleistet hatte, diskutierte er nun lebhaft mit ihnen. Er machte noch immer seine Schularbeiten nicht gerne, aber jetzt erklärte er, sie nicht machen zu wollen, statt sie, wie bisher, einfach nicht zu machen. Allen Anforderungen, die man an ihn stellte, setzte er verbalen Widerstand entgegen und gab erst nach hitzigen, erschöpfenden Debatten auf. Während er früher seiner Mutter geklagt hatte, seine Treffen mit mir seien unnütz, schien er nun begierig zu sein, zu mir zu kommen. Und während er sonst immer darauf bestanden hatte, seine Mutter die ganze Zeit über im Wartezimmer zu lassen, verlangte er jetzt nur nach ihr, wenn er mein Behandlungszimmer betrat und wieder verließ. Tatsächlich hatte er es inzwischen lieber, wenn sie im Auto wartete! Und vor allem forderte er ganz dringlich, daß der sechsjährige Anthony nicht in die Nähe meiner Praxis kommen dürfe. Zwar war Michael in unseren Sitzungen verschlossen und wollte nicht mit mir reden, aber er hatte sich offenbar vorgenommen, den Leuten draußen in deutlichen Worten mitzuteilen, was er fühlte und wollte.

In der Zwischenzeit verstrich Sitzung um Sitzung in derselben Manier. Michael fragte nach Buntstiften, Bleistiften, Büroklammern, nach mehr Bindfaden und nach allen möglichen Holzstückchen, die ich nur auftreiben konnte. Er weigerte sich, mit mir zu sprechen, außer, wenn er mehr Material verlangte. Während er arbeitete, hallte der Raum stets von allerlei Geräuschen wider. Meine Versuche, mich einzumischen, beschränkten sich auf Bemerkungen darüber, daß mir die Geräusche den Eindruck machten, jemand werde verletzt oder müsse sehr schwer leiden. Michael ignorierte mich.

Es war schwierig, so schweigend dazusitzen. Ich fühlte mich ausgeschlossen und immer noch enttäuscht, daß die neue Offenheit unserer Beziehung, die mir noch vor wenigen Wochen so vielversprechend erschienen war, jetzt verschwunden schien. Meine Enttäuschung wurde verstärkt durch die Tatsache, daß Michael gerade jetzt im Umgang mit anderen Menschen in seiner Umgebung offener und gesprächiger war als je zuvor in seinem Leben.

Von meinen Lehrern der Psychoanalyse hatte ich gelernt, daß manchmal dann die wichtigste Arbeit geleistet wird, wenn Patient und Analytiker beide nicht genau wissen, was geschieht. Eine solche Situation gestattet es, daß Unbewußtes an die Oberfläche kommt. Der Analytiker muß genügend Geduld aufbringen, damit dieses Unbewußte zum Vorschein kommen kann — so verwirrend es auch sein mag — und er darf nicht zu früh versuchen, es zu verstehen.

Diese Überlegungen halfen mir, meine Fassung zu bewahren. Darüber hinaus war mir auch irgendwie klar, was in Michaels Haus vor sich ging. Er schien eine Anzahl verschiedener

Rollen durchzuspielen, die allesamt seine widerstreitenden Gefühle gegenüber seiner Familie, seinen Ärzten und allen übrigen Personen in seinem Leben widerspiegelten. Aus den Geräuschen schloß ich, daß mindestens eine Person gefoltert wurde und eine andere es genoß, diese Schmerzen zuzufügen. Eine weitere an der Handlung beteiligte Person richtete den Folterer. Diese Person wurde als »Ghoul« bezeichnet, und die Geräusche, die Michael machte, deuteten darauf hin, daß sie die Rolle des bösen Geistes oder des Sadisten spielte. Wozu wurden die Büroklammern verwendet? Warum die Bleistifte? Als Messer? Als Schwerter? Wurde der Bindfaden dazu benutzt, um die Opfer zu fesseln? Während ich voller Neugier dasaß und mich fragte, was für ein Schauspiel sich da hinter Michaels Rücken wohl abspielte, beschäftigten mich immer mehr die Gedanken an Vergeltung. In meinem Kopf hörte ich immer wieder die Worte: »Auge um Auge, Zahn um Zahn«. Aus ihnen wurde: »Arm um Arm, Geist um Geist« und schließlich: »Leben um Leben«. War das alles nur Phantasie, oder identifizierte ich mich ganz besonders intensiv mit Michaels Anstrengungen?

Ich war selbst erstaunt, welche neuen Gefühle ich gegenüber Michael entwickelte. In der Vergangenheit hatte ich seine Leiden qualvoll mitempfunden, mich um ihn als Opfer gesorgt und ihm nur zu gerne geholfen. Nun ärgerte ich mich über ihn, und das schockierte mich. Ich war erschrocken über meinen Impuls, ihn aufzufordern, mir zu zeigen, was da vor sich ging, oder — was noch schlimmer war — ihn sogar daran zu hindern, diesen Puppen weh zu tun. Es waren alles Erwachsene. Sie stellten seine Ärzte dar, seine Eltern und sicher nicht mich. Aber warum nicht? Ich konnte doch nicht ausgenommen sein von seinem Zorn. Wie konnte er nur so undankbar sein? Hatte ich ihm nicht geholfen? Oder es zumindest versucht?

Und in diesem Stil ging es in den folgenden zwölf Wochen weiter. Michaels Puppenhaus summte wie ein Bienenstock vor fiebriger, intensiver Aktivität. Ich blieb in meinem Sessel sitzen und analysierte Michael, nein, ich analysierte mich selbst. Wahrscheinlich tat ich beides. Michael schien mich vergessen zu haben. Er zeigte mir nichts direkt, aber er enthüllte eine ganze Menge durch seine Schreie und durch die Bewegungen seines Körpers, dessen plötzliches Steifwerden, Erschaudern und Zittern, wenn einer Person Schmerzen zugefügt oder eine Sache beschädigt wurde. Nach der sechsten Sitzung verlangte er keine weiteren Hilfsmittel mehr. Er stellte die sorgfältig verschlossene Schachtel jedes Mal in seine Schublade. Zu Beginn jeder Sitzung überprüfte er die Kiste, um sicherzugehen, daß sie nicht berührt worden war. Wenn er mein Behandlungszimmer betrat und wenn er es verließ, schaute ich ihm prüfend ins Gesicht. Er war eifrig bemüht, meinem Blick auszuweichen. Am Anfang der Sitzungen versuchte ich, einige Kommentare abzugeben. Michael schenkte mir keine Beachtung, nicht einmal durch eine Verneinung oder durch einen Laut. Es war so, als hätte ich nichts gesagt oder als hätte er nichts gehört.

Meine Analyse der Situation wurde mir zur Obsession und beschäftigte mich während vieler Arbeitsstunden. Zuerst versuchte ich, das Geschehen einzuordnen. Ich fragte mich nur, was nicht stimmte und was ich getan oder unterlassen haben könnte, um einen solchen Zusammenbruch unserer Kommunikation herbeizuführen. Dann wurde mir allmählich klar, wieviel wichtiger es war, daß die Arbeit weiterging. Das war nicht nur ein Spiel ohne Worte, es herrschte sehr viel Aktivität.

Mir ging langsam ein Licht auf.

War es nicht vielleicht so, daß sich all diese Vorgänge unmöglich in Worte kleiden ließen? War es nicht das, was Michael durchgemacht hatte, während er auf seine Operation wartete oder während der Operation selbst? Viele seiner Erfahrungen konnten nicht mit Worten dargestellt werden, vielleicht mußte er sie auf eine Weise verarbeiten, die seine Gefühle wirkungsvoller zum Ausdruck brachte.

Ich überlegte, ob ich ihm das sagen sollte, beschloß dann aber, es nicht zu tun, um nicht aufdringlich zu sein. Geduld, Sol, Geduld! Ich begann allmählich, Selbstgespräche zu führen, und das brachte mich langsam wieder zur Ruhe. Die Frage, was wohl nicht in Ordnung war, quälte mich nicht mehr so stark. Ich fing an, mehr über das nachzudenken, was tatsächlich geschah. Nach der sechsten Sitzung mit Michaels Puppenhaus-Spiel wurde mir langsam klar, wie man sich als Opfer von Michaels Zurückhaltung fühlte. Mir wurde schmerzlich bewußt, wie Mr. Gardner es empfunden haben mußte, als ihn sein Sohn zurückstieß.

Einerseits isolierte mich Michael, andererseits nahm er allmählich Verbindung mit mir auf. Sein »SOS«-Ruf hatte klar zu erkennen gegeben, daß er sich anschickte, etwas zum Ausdruck zu bringen, das aus den Tiefen seiner Seele kam. Das tat er jetzt, auf zwei verschiedenen Ebenen. Sein Spiel offenbarte — nicht verbal, aber dennoch nachdrücklich — seine Rachegelüste gegenüber denen, die mit seiner Krankheit und der Amputation zu tun hatten, und es zeigte auch seine Reaktionen auf diese Aggression. Mein Gefühl, daß Michael sich von mir absonderte, brachte mich auf den Gedanken, daß er sich vielleicht auf einer tiefen, unbewußten Ebene mit unserer endgültigen Trennung auseinandersetzte — mit seinem Tod. Er würde allein auf sich gestellt sein, in einer anderen Welt, in einem anderen Leben. Auch für mich war es jetzt an der Zeit, zu überprüfen, was ich empfinden würde, wenn Michael und ich schließlich getrennt würden.

Ich war mir bewußt, wie schnell die Zeit verging, in der sich seine Krankheit noch tiefer in seinem Körper festsetzen und ihn weiter verwüsten konnte, und ich wünschte, daß alles vorbei und das Ende schon gekommen wäre. Dann, als ich diesen Gedanken richtig erfaßt hatte, war ich wütend auf mich. Wie konnte ich die Hoffnung aufgeben? Wie konnte ich als Tatsache akzeptieren, daß diese Krankheit Michael schließlich töten würde? Es gab immer die Möglichkeit einer Heilung. Alles, was wir brauchten, war mehr Zeit — Zeit für Michael und mich, um zu verstehen, was er durchmachte, Zeit für die Wissenschaftler, ein Heilmittel zu finden, Zeit für die gefürchtete Wucherung, sich selbst zu erschöpfen und zu einem Stillstand zu kommen.

Ich ertappte mich bei diesen Wunschvorstellungen und war erschreckt, jetzt die Erfahrungen zu durchleben, die ich vorhergesehen hatte, bevor ich Michael noch begegnet war; ich fühlte jetzt denselben Schmerz wie seine Familie. Jedem von uns muß flüchtig der unannehmbare, unaussprechbare Wunsch nach Michaels Tod gekommen sein; daß das Ende kommen möge, die Erlösung von den täglichen Qualen und den Ängsten, die uns den Schlaf raubten. Jeder hatte wohl mit Abscheu und Selbstverachtung auf diesen Wunsch reagiert. Wie konnte man sich Michaels Erlösung durch den Tod herbeisehnen? Und doch tat man es. Sicher war Michael selbst nicht frei von diesem Wunsch. Bis wir uns alle wieder mit neuen Hoffnungen — unrealistischen, verführerischen, trügerischen Hoffnungen — gegen diesen Impuls wappneten.

Die Leiden im Puppenhaus waren ansteckend. Während Michael sich durch die Schrecken seiner Erfahrungen hindurcharbeitete, wurde ich mit hineingezogen. Das Grauen überfiel auch mich, während ich dasaß und ihn beobachtete, wie er zuckte, und während ich ihn schreien hörte, wieder und wieder und wieder.

Ich machte weiter regelmäßig Versuche, unser Gespräch fortzuführen, aber ich vergaß nicht, daß mein Respekt für seine Fähigkeit, das richtige Tempo zu bestimmen, in der Vergangenheit unsere Zusammenarbeit erst möglich gemacht hatte. Fast fünf Wochen nach dem Tag, an dem Michael zum ersten Mai die Puppen hervorgeholt hatte, stellte ich ihm die Frage: »Hast du Angst, mir zu zeigen, was du tust, weil du nicht sicher bist, ob ich den Anblick der Qualen ertragen kann?«

Er antwortete nicht, doch die Aktivitäten hörten plötzlich auf.

Ich verfolgte die Spur weiter. Einige Augenblicke lang schaute ich auf Michaels Rücken, dann fuhr ich fort: »Glaubst du, daß sich meine Gefühle für dich verändern, wenn du es mir zeigst?«

Michael drehte sich langsam, aber nachdrücklich zu mir um und zuckte mit den Achseln. Mein Herschlag stockte. Ich war wieder so aufgeregt, wie bei unserer ersten Sitzung.

»Ich habe langsam das Gefühl, Michael, daß du Angst hast, mehr zu wissen über das, was du empfindest, während das alles hier geschieht. Vielleicht gefällt dir nicht, was du da empfindest? Glaubst du, daß es dich schutzlos macht, wenn du darüber sprichst oder es mir zeigst?«

Michael drehte sich ein bißchen weiter um und sagte ganz ruhig: »Wenn du wirklich willst, zeige ich es dir.«

Er wußte also, daß er mit mir reden konnte, und er spürte auch, daß ich — egal was durch das Puppenhaus erreicht worden war — von dieser lastenden, unheimlichen Atmosphäre erlöst werden wollte. Hatte ich seine Gedanken gelesen oder er die meinen? Oder hatte er jetzt genug und die Gefühle bei seinen Aktivitäten endlich verarbeitet?

Michael trat zur Seite, um den Blick auf das Puppenhaus freizugeben. Er erklärte nichts, machte nur den Ort seiner Aktivitäten für mich zugänglich. Ich erwartete keinen angenehmen Anblick, und der bot sich auch nicht. Alle Puppen waren gefesselt. Einige waren an Bleistifte festgebunden, andere an Holzstücke. Eine Puppe hing an einem Bleistift-Galgen, eine andere war enthauptet worden. Die übrigen waren amputiert an Armen oder Beinen.

Es erstaunte mich nicht, daß es so lange gedauert hatte, bis Michael mir erlaubt hatte, die Szene zu besichtigen. Ich hatte ihn ermutigt, seine innersten Gefühle zum Ausdruck zu bringen — nun, hier waren sie. Wie furchterregend mußte das für ihn sein! Ich mahnte mich erneut zu Geduld, um keine voreiligen Bemerkungen zu machen, die alles vielleicht wieder unter die Oberfläche verbannten.

»Ich bin froh, daß du den Mut gefunden hast, dies alles mit mir zu teilen«, sagte ich.

Michael erforschte schweigend und gründlich mein Gesicht. Zum ersten Mal, seit wir uns kannten, standen Tränen in seinen Augen. Waren es Tränen der Trauer oder der Erleichterung? Er wurde akzeptiert, mit all seinen Gefühlen, mit seiner Trauer, seinem Zorn und seiner Mutlosigkeit.

»Willst du mir etwas erzählen über das, was geschehen ist, Michael?«

Er schüttelte heftig den Kopf, hielt sein Kinn hoch und die Lippen fest geschlossen.

»In Ordnung, Michael. Ich hoffe, daß wir im Lauf der Zeit beide verstehen werden, was hier vor sich geht. Ich kann sehen, daß es eine Menge Schmerzen gegeben hat.«

Schweigend nickte er ein »Ja«. Laut sagte er: »Ich lege diese Sachen jetzt besser weg«.

Als wir uns das nächste Mal trafen, nahm er unverzüglich die Figuren hervor und arrangierte sie — insgesamt waren es acht — auf dem Boden zu seinen Füßen. Während er dasaß und sie anschaute, begann er zu sprechen. Es schien ihm ein Bedürfnis zu sein.

»Ich habe hier eine Menge Leute, über die ich reden muß«, sagte er. »Es gibt viele Leute, auf die ich sehr wütend bin. Sie tun mir weh. Ich weiß nicht, ob sie mich mögen. Ich weiß, daß ich sie nicht mag.« Er hob eine bestimmte Puppe hoch und schüttelte sie heftig. Dies war, wie ich erfuhr, ein Chirurg. Er erzählte mir, wie zornig er über die Chirurgen war, die Leute, die »Kinder operieren«. Er wollte gerne wissen, ob sie wirklich jemandem halfen oder ob sie es nur vorgaben. Waren sie sicher, daß sie den Leuten mit Operationen halfen? Michael war davon gar nicht überzeugt. Die Chirurgen gaben vor, nett zu ihm zu sein, sie sprachen freundlich, aber er glaubte nicht, daß sie hören wollten, was er ihnen zu sagen hatte. Er mochte keine Chirurgen und wollte nie einer werden, wenn er erwachsen war.

Mit den Physiotherapeuten war es dasselbe. Michael hob jetzt eine andere Puppe auf und schüttelte sie. Physiotherapeuten sollten Leute dazu bringen, Gymnastik zu machen und zu lernen, wie man einen Haken oder eine Plastikhand benutzt. War ihnen nicht klar, wie schwierig es war, einen Haken zu benutzen, und wie dumm man sich damit vorkam? Was noch schlimmer war — eine Physiotherapeutin hatte seiner Mutter erzählt, daß er vielleicht einen Arm verlieren würde, und er hatte das gehört. War das Sache der Physiotherapeutin? Hatte sie dem Arzt gesagt, was sie dachte? Warum hatte sie ihn, Michael, nicht gefragt, wie er sich fühlte und ob er eine zweite Amputation wolle?

Michael hielt jetzt mehrere Puppen hoch. Seine Klassenkameraden und seine Lehrer taten so, als wären sie freundlich zu ihm und versuchten, mit ihm zu reden. Aber was wußten sie schon darüber, wie es war, wenn man nur einen Arm hatte? Was wußten sie, wie man sich fühlte, wenn man so oft die Schule versäumen mußte? Er mochte die Schule sowieso nicht. Warum strengten sie sich so furchtbar an, nett zu ihm zu sein? Er konnte nicht mit ihnen spielen oder die Dinge tun, die sie gerne wollten. Aber sie brauchten sich keine Sorgen zu machen. Es würde gar nicht mehr lange dauern, bis er alles, was sie konnten, können würde, vielleicht sogar besser als sie.

Dann waren da die Leute auf der Straße, im Wartezimmer, überall, wo er nur hinging — diejenigen, die vorgaben, Mitleid mit ihm zu haben. Sie taten, als ob sie nicht hinschauten, aber er ertappte sie, wie sie auf seinen Haken starrten. Einige von ihnen wagten sogar, ihn zu fragen, was geschehen wäre. Er erinnerte mich daran, daß wir schon darüber gesprochen hatten.

Mit einer zerstreuten Bewegung legte er die Puppen hin, beugte sich vor, wobei sein Haken an seiner Seite herunterhing, stützte seinen anderen Ellenbogen auf den Tisch und schmiegte sein Kinn in seine Hand. Er setzte seine Kritik fort. Auch Mark und Anthony entgingen ihm nicht — sie spielten immer und machten Krach und taten »alles mögliche«. Sein anklagender Ton war milder, als er über seine Brüder sprach, aber bisweilen war er sehr zornig auf sie, wenn sie versuchten, nett zu ihm zu sein. Er wollte nicht, daß sie ihn ignorierten, aber er wollte auch nicht, daß sie mit ihm redeten. Plötzlich unterbrach er sich, schaute mich an und sagte: »Manchmal habe ich das Gefühl, daß sie mir überhaupt nichts recht machen können. Dann tut es mir sehr leid, daß ich so böse auf sie bin, aber ich kann nicht damit aufhören.«

Ich wollte etwas sagen, aber ich kam nicht weiter als bis zu seinem Namen, als er mit seinem Haken eine abwehrende Bewegung machte und mich unterbrach. »Und dann meine Eltern. Sie wollen mir so gerne helfen. Aber sie waren diejenigen, die mich zu den Ärzten gebracht haben; *sie* haben mich zu der Physiotherapeutin gebracht, sie haben mich an all diese gräßlichen Orte geschickt. Warum haben sie nicht damit aufgehört? Ich brauchte das alles nicht.«

Dann fügte er zögernd hinzu: »Manchmal sind sie ja vielleicht ziemlich dumm, aber ich nehme an, sie versuchen wirklich das Beste«.

Was Michael da getan hatte, war nicht weniger als die Erforschung seiner Beziehungen zu den anderen Menschen in seinem Leben. Mir war klar, daß er jetzt nicht von meinen Kommentaren unterbrochen werden wollte. Genauso wie er die Freiheit gebraucht hatte, alle Puppen verletzten zu können, brauchte er jetzt die Katharsis der Rede, seiner eigenen Rede. Allem Anschein nach wollte er seine Gefühle nicht verstehen, sondern sich lieber von ihnen befreien, indem er darüber sprach. Er schien unter dem inneren Druck zu stehen, die Dinge auszusprechen und die Gefühle durchleben zu müssen, und er hatte Angst, sich nicht befreien zu können, wenn er seine Gefühle auf eine Weise anging, die möglicherweise zu neuen Konflikten führte.

Es war nicht meine Sache, hier und jetzt irgendeinen dieser Menschen in Schutz zu nehmen. Ich sagte: »Ich bin besorgt, Michael, wie du dich fühlst, mit all diesen Gedanken und diesen gemischten Gefühlen über die Leute, die dir so nahe stehen.«

Er beruhigte mich, indem er mit fester Stimme sagte: »Damit habe ich keine Probleme«.

Die Familie

Ich war erleichtert, als Michael zu Beginn der nächsten Sitzung nicht die Zigarrenkiste mit seinen Opfern hervorholte. An diesem Tag und bei den folgenden Sitzungen erzählte er mir alles über seine Familie. Er begann damit, mich an den Tag zu erinnern, an dem sein Bruder Anthony wieder einmal unbedingt mit in das Behandlungszimmer gewollt hatte, um dort zu spielen. Michael hatte ihn eine Zeitlang davon abhalten können, aber an jenem Tag war es ihm zu seinem Ärger nicht gelungen, und so hatte der Dreijährige mein Behandlungszimmer betreten.

Mir fiel wieder ein, wie der pausbäckige kleine Anthony in mein Behandlungszimmer gerannt war und meine Aufmerksamkeit auf sich gezogen hatte, indem er von einem Spielzeug zum anderen gelaufen, sich genommen hatte, was er greifen konnte und dabei ständig geplappert hatte, er wolle spielen, wo Michael spielte. Offensichtlich hatte er später dafür büßen müssen, weil ihn Michael, wie Mrs. Gardner erzählte, heftig beschimpfte mit den Worten: »Das ist *mein* Doktor. Geh da ja nicht wieder rein!« In den folgenden Sitzungen hatte Michael nicht über diese Geschichte sprechen wollen, aber jetzt, fast drei Jahre später, berichtete er mir von dem Schock, den er damals empfunden hatte. Und von seiner Angst, daß Anthony hereinkommen und alles »übernehmen« würde.

»Jeder denkt, er ist so süß, dabei ist er in Wirklichkeit eine Plage«.

»Wieso eine Plage?«

»Er hängt sich immer an meine Mutter und will mit uns hierherkommen. Dann sitzt er draußen bei ihr und stellt ihr die ganze Zeit über Fragen.«

Er fuhr fort und erzählte, daß Anthony beständig in Schwierigkeiten gerate. Mir wurde klar, daß er Anthonys kindliche Verspieltheit nicht ertragen konnte. Er neidete ihm seine Bewegungsfreiheit und gab ihm die Schuld an allen seinen eigenen Problemen. Von Mrs. Gardner wußte ich, daß Michael sich bei ihr beklagt hatte, seine Krankheit sei erst bei Anthonys Geburt ausgebrochen. Also war alles Anthonys Schuld.

Ein auffallender Gegensatz dazu waren Michaels Erzählungen über seinen Bruder Mark, dem er sich eng verbunden fühlte. In Michaels Augen konnte Mark nichts falsch machen. Sie verbrachten viel Zeit damit, zu spielen und miteinander zu ringen. So wie er es beschrieb, warf sich Michael »voll in die Sache rein und zeigte es ihm«. Mrs. Gardner jedoch berichtete mir, daß Michael bei diesen Gelegenheiten in Wahrheit ziemlich passiv blieb und es zuließ, daß der elfjährige Mark mit ihm fast machte, was er wollte. Michael schien Marks Anführer zu sein, der ihn ständig zu Ungezogenheiten verführte, die Mark dann büßen mußte.

Michaels Defensivstellung wurde durch seine Haltung gegenüber seinen Brüdern deutlich erkennbar. Er fühlte sich durch das, was er hatte erdulden müssen, belastet, traurig und bestohlen. Er konnte sich nicht erlauben, an den Vergnügungen und den Aktivitäten des kleinen Bruders teilzuhaben, deshalb war Anthony nicht akzeptabel. Mark war etwas ernster und weniger aktiv — und Michael damit ähnlicher. Er schätzte Marks ernsthafte Seite und konnte seinen eigenen Übermut ausleben, indem er Mark für sich einspannte. Er freute sich an Marks Streichen, als wären es seine eigenen, während er die von Anthony ablehnte, weil sie zu kindlich waren.

Wenn Michael früher über seine Brüder gesprochen hatte, hatte er kaum Unterschiede zwischen ihnen gemacht. Jetzt aber beschrieb er Anthony als seinen Gegner und Mark als seinen Verbündeten. Auch bei seinen Schulkameraden machte er diese Unterschiede, wobei er einigen alle guten Eigenschaften zuteilte, und anderen alle schlechten. Michael hatte noch nicht gelernt, mit ambivalenten Gefühlen umzugehen. In einigen unserer früheren Gespräche hatten wir uns zwar diesem Thema genähert, aber offensichtlich war das Problem noch nicht gelöst.

Es war klar, daß sich der schlimmste Teil seiner Frustration gegen Anthony richtete. Die meisten von uns kommen über ein Unglück hinweg, wenn sie jemanden suchen, dem sie die Schuld dafür geben, und es gibt kaum einen Menschen, der nicht bisweilen seine Frustration an anderen ausläßt. In dieser Hinsicht war Michael nicht anders, denn er gab Anthony die Schuld an seinen Problemen. Allerdings fragte ich mich, ob nicht noch mehr hinter seiner Abneigung steckte, und ich dachte, es könnte nützlich sein, Michaels Gefühle in Bezug auf Anthonys Geburt zu erforschen. Ich hatte den Verdacht, daß er sein Leiden als Bestrafung für seine negativen Gefühle bei Anthonys Geburt betrachtete.

Aber Michael wollte weitermachen und ging dazu über, seine Gefühle zu seinem Vater zu beschreiben. Seine ersten Bemerkungen bezogen sich auf dessen Beziehungen zu Mrs. Gardner. Ich war kaum überrascht, daß Michael in diesem kritischen Monolog über seine Mutter kaum ein Wort verlor, denn seine Beziehung zu ihr enthielt bemerkenswert wenig Konflikte oder Schmerzen. Auf natürliche, positive Weise war sie in Michaels Augen ohne Fehl und Tadel. Michaels Kritik an dem Verhältnis seiner Eltern war nicht sehr originell. Ich hörte die üblichen eifersüchtigen Klagen. Er sagte, sobald sein Vater vor der Arbeit nach Hause komme, konzentriere sich die Aufmerksamkeit seiner Mutter ganz auf ihn. Nach Michaels Beschreibung unternahmen seine Eltern viele Dinge gemeinsam, und er fühlte sich durch ihre Intimität ausgeschlossen.

Abgesehen von diesen vorhersehbaren jugendlichen Kümmernissen hatte Michael einige sehr komplizierte Gefühle im Hinblick auf die Rolle, die sein Vater bei seiner Krankheit gespielt hatte. Er erzählte mir, er sei *sehr* zornig auf seinen Vater gewesen, nachdem seine Hand und sein Arm abgenommen worden waren. Warum gerade damals? Für ihn war die Antwort einfach. Sein Vater hatte ihn zu dem Arzt gebracht und die Operation arrangiert. Deshalb war er ganz entschieden ein Verbündeter des Chirurgen.

Als ich Michael fragte, warum sein Vater wohl all diese Maßnahmen ergriffen hatte, war er unangenehm überrascht.

»Wie soll ich das denn wissen?« fuhr er mich ärgerlich an. »Ich habe ihm nichts getan. So viel steht fest!«

Er ließ das Thema fallen und wandte sich den Dingen zu, die er mit seinem Vater zusammen unternahm. Er sprach über Angelfahrten und darüber, wie sie zusammen gespielt und gerungen hatten. Er fühlte sich von seinem Vater wie ein Kumpel behandelt, beispielsweise beim Ringen, aber sobald eine wichtige Entscheidung anstand, war er für seinen Vater »wie ein kleines Kind«. Als Erklärung dafür gab Michael an, sein Vater sei vielleicht fehlgeleitet und hatte ihn zu dem Chirurgen gebracht, weil er glaubte, er könne ihm helfen. Damit hatte er getan, was er für das Beste hielt, aber Michael meinte, sein Vater hätte lieber auf ihn statt auf den Chirurgen hören sollen. Michaels Konflikt mit dem Vater schien sich auf den Chirurgen zu projizieren, denn es war sicherer, den Chirurgen zum »bösen Mann« zu machen.

Der Wechsel der Perspektive wurde deutlich, als Michael eindringlich das Positive an seinem Vater schilderte. Ich spürte, daß er sich nach den negativen Äußerungen über seinen Vater jetzt gezwungen sah, ihn zu beschützen. Ich wollte wissen, ob ihm meine Frage, warum ihn sein Vater zum Chirurgen gebracht habe, das Gefühl gegeben habe, er müsse seinen Vater beschützen. Diese Überlegung wischte er beiseite.

Als ich die Gardners das nächste Mal traf, sprachen sie beide davon, daß sich Michaels Beziehung zu seinem Vater verbessert habe. Ich fragte mich, ob die Tatsache, daß Michael im Spiel diejenigen, für die er feindselige Gefühle hegte, ohne Reue oder Angst vor Vergeltung hatte verstümmeln dürfen, ihm vielleicht geholfen hatte, einige Konflikte zu lösen, die die Harmonie der Familie trübten.

Es war klar, daß er beträchtliche Schwierigkeiten hatte, seine Mutter mit anderen zu teilen. Er mißgönnte Anthony die Zeit, die sie mit ihm verbrachte, und — was noch wichtiger war für seine Entwicklung — er mißgönnte sie seinem Vater. Ich fragte mich, wie bei diesem Jungen der Ödipuskomplex aussah und wie die Operation ihn wohl beeinflußt hatte. Ich weiß, daß Jungen, die ihre Väter als Konkurrenten empfinden, zugleich deren Vergeltung fürchten, und ich erwartete, daß Michael da nicht anders war. Die Lösung des Konflikts zwischen Vater und Sohn stellt sich normalerweise ein, wenn eine für beide Seiten lohnende Verbindung entsteht, in der Zusammenarbeit und Verständnis die Bedrohung und den Zwang überwiegen.

Michaels Konflikt stand wahrscheinlich kurz vor der Lösung, als die Operation an seiner Hand und an seinem Arm stattfand. In psychologischer Hinsicht konnte es keinen ungünstigeren Zeitpunkt geben. Der Schock für Michaels Psyche muß unvorstellbar gewesen sein. Er hatte leibhaftig den gräßlichen Beweis, daß er als Folge seiner Kämpfe und seiner Konkurrenzsituation mit dem Vater verstümmelt worden war.

Obgleich Michael sich schon zu dem Versuch entschlossen

hatte, besser mit seinem Vater zurechtzukommen, hatte er die letzten Reste des Antagonismus nie ganz lösen können. Ein Antagonismus, der daraus entstanden war, daß er von der Hand eines Mannes amputiert worden war, mit dem sich sein Vater in seinen Augen verbündet hatte. Diese Gefühle spiegelten sich natürlich in Michaels Beziehung zu seinem Vater. Michael hatte immer noch die Tendenz, seine Mitmenschen in die Kategorien Gut und Böse einzuteilen. Solange er das tat, war seine Mutter ›gut‹ und sein Vater ›böse‹, Mark sein Verbündeter und Anthony sein Gegner. Aber trotz dieser Etikettierung gelang es Michael, seine Beziehung zu seinem Vater erheblich zu verbessern. In letzter Zeit waren seine antagonistischen Gefühle nur akut geworden, wenn eine weitere ärztliche Behandlung oder ein weiterer Eingriff unmittelbar bevorstanden. Und man hätte es als wunderbaren Fortschritt in Michaels Leben ansehen müssen, wenn es ihm gelungen wäre — wie der Bericht seiner Eltern andeutete — eine Lösung dieses Problems zu finden. Die Lösung, die ihm vor sechs Jahren auf so grausame Weise verwehrt worden war.

Normalerweise lösen Jugendliche viele ihrer Konflikte durch Beziehungen zu ihren Kameraden und später zu Angehörigen des anderen Geschlechts. Michael aber mußte mit einer Krankheit leben, die ihm keine Zeit ließ für Altersgenossen, mit denen er dann anstellle seines Vaters und seiner Brüder in Konkurrenz hätte treten können. Hinzu kam, daß er trotz seiner Fähigkeit zu schwimmen, Schlittschuh zu laufen und Hockey zu spielen, das Gefühl hatte, seine Behinderung erschwere ihm einen erfolgreichen Wettstreit mit anderen. Diese Isolation wurde noch verstärkt durch die Angst, wegen seiner Behinderung nicht anerkannt zu werden. In einer Zeit, in der er sonst vielleicht Beziehungen zu Mädchen aufgenommen hätte, entschied er sich für andere Interessen. Seine Krankheit kostete ihn viel Zeit, was übrigblieb, widmete er seinen Interessen.

Etwas über die Art von Beziehungen zu Mädchen herauszufinden, gehörte nicht dazu.

Während das letzte Eis auf den Straßen verschwand, bemerkte ich auch in Michaels Beschreibungen seiner Gefühle für seine Familie ein willkommenes Tauwetter.

Er hatte wohl niemandem die häßlichen Erlebnisse der Vergangenheit verziehen, aber er begann nicht länger jede Sitzung unter dem Zwang, seinem Zorn Luft machen zu müssen. Dieses Wunder hatte sich während unserer Sitzungen mit dem Puppenhaus ereignet. Michael hatte das Geheimnis entdeckt, wie er mit seiner Welt zurechtkommen konnte — durch aktive Anteilnahme. Wie auch immer seine Zukunft aussah, wieviel Zeit ihm und mir auch bleiben mochte — nichts würde je die Bedeutung der Arbeit übertreffen, die in den dunklen Wintermonaten geleistet worden war.

Das bedeutsamste Einzelergebnis dieser »Voodoo«-Periode war, daß Michael aufhörte, ein schweigendes, wütendes Opfer anderer zu sein. Diese Rolle hatte ihn zerstört, als wir uns kennenlernten; sie hatte ihn für seinen Zorn bestraft mit Schuldgefühlen und mit noch mehr Zorn über diese Schuldgefühle. Solange er das Opfer war, hatte er durch sich selbst und durch andere leiden müssen. Als er den Mut aufbrachte, seine Schuldgefühle und seinen Zorn zuzugeben und durch die Verstümmelung der Puppen zum Ausdruck zu bringen, veränderte er sich. Er schüttelte die Rolle des Opfers ab und übernahm aktiv den Schmerz, den Konflikt und die Verantwortung, er selbst zu sein — ein Junge mit einer schrecklichen Krankheit.

Diese Abrechnung mit seinen Kümmernissen und Beschwernissen bewirkte eine gewaltige Katharsis. Da er mir vertraute — nach dreieinhalb Jahren intensiver Arbeit — konnte er vor mir experimentieren, sich Luft machen, bittere Vorwürfe äußern, schreien und sich schütteln, während er jede wichtige

Beziehung seiner vergangenen sechs Jahre erforschte. Er tat es in der Sicherheit meines Behandlungszimmers, im Bewußtsein meines Respekts für ihn und in dem Wissen, daß ich unsere Vertrauensbasis nicht zerstören würde.

Es war sehr befriedigend zu sehen, daß Michael endlich seine Selbstachtung gefunden hatte. Wenn ich in froher Stimmung war, dachte ich: Er wird ein gutes Leben leben. Wenn ich traurig war, sagte ich mir: Michael wird mit Würde sterben.

Fünfter Teil:
Volle Fahrt voraus

Das Schiff fährt mit voller Fahrt voraus; die Sonne scheint, und das Deck ist sauber. Der Kapitän kennt die Gefahren dieses Meeres genau. Am Horizont kann erneut ein Sturm aufziehen, der Feind kann sich plötzlich nähern und das Feuer eröffnen, und — noch erschreckender — der letzte Hafen könnte erreicht sein, bevor der Kapitän bereit ist, die Reise zu beenden. Eingedenk dieser Gefahren steuert er das Schiff über lange Stunden und große Entfernungen mit großer Entschlossenheit voran.

Hypnotisiere mich!

Ein halbes Jahr nachdem Michael sein »SOS! SOS!« gerufen hatte, ging er eines Tages einfach zu der Schublade, holte scheinbar aufs Geratewohl seine Zeichnung hervor und studierte sie schweigend und in Gedanken verloren.

»Worüber denkst du nach, Michael?« fragte ich ihn.

»Ich habe nur nachgeschaut, wie es den Schiffen geht«, war die Antwort.

»Wie geht es ihnen?«

»Sie scheinen alle ans Ziel zu kommen.«

»Was meinst du damit?«

Seine nächste Frage verblüffte mich. »Hypnotisierst du je deine Patienten?«

Ich folgte meinem Motto »Im Zweifelsfall zögern und nachfragen« und entgegnete: »Warum fragst du?«

Michael wiederholte einfach seine Frage und fügte dann hinzu: »Hast du schon mal Kinder hypnotisiert, damit sie nicht mehr so viel fernsehen?«

»Hast du denn Probleme damit, daß du zuviel fernsiehst und nicht genug arbeitest?« fragte ich ihn.

»Ja, und deshalb schaffe ich nie meine Schulaufgaben. Dann wird meine Mutter böse auf mich, und ich werde böse auf sie. Ich dachte, wenn du mir helfen kannst, dagegen anzukommen, dann mache ich immer alle meine Schulaufgaben und bin gut in der Schule. Ich habe es satt, Probleme mit der

Schule zu haben und auch mit Lehrern, die auf mich sauer sind.«

»Es gibt andere Wege, wie ich dir dabei helfen kann«, sagte ich.

»Aber ich hab nicht so viel Zeit, weißt du«, sagte er. Sein Ton klang sehr ungeduldig und zeugte von großer Dringlichkeit. Aus Gründen, die er nicht offen aussprechen wollte, stand er unter Zeitdruck, aber was er sagen wollte, war klar: Er konnte sich den Luxus nicht leisten, den normalen Weg zu gehen.

Michael redete weiter über seine Schulaufgaben und die Ansprüche seiner Lehrer. Er hatte das Gefühl, sie verlangten eine Menge von ihm, aber gleichzeitig verlangte er jetzt auch selbst mehr von sich. Er wollte lernen, die Schule schnell hinter sich bringen und sagte auch: »Ich will, daß die Lehrer mich in Ruhe lassen.« Er wollte die Dinge selbst in die Hand nehmen und allen zeigen, daß er es schaffte, ohne daß man ihn antrieb. »Ich bin kein Kind mehr. Ich kann selbst auf mich und meine Arbeit aufpassen.«

Das Fernsehen war für ihn ein wirkliches Problem. Er liebte Showsendungen, deren Phantasiewelt für ihn eine ständige Versuchung darstellte. Dennoch hatte er offenbar aus eigenem Antrieb beschlossen, seinen Fernsehkonsum einzuschränken, um sich mehr mit seinen Schularbeiten beschäftigen zu können.

Michael war zielstrebig und ausdauernd. Immer und immer wieder fragte er mich, warum ich ihm nicht durch Hypnose weiterhelfen wollte. Warum enthielt ich sie ihm vor?

Ich kämpfte mit meinem grundsätzlichen Widerstreben gegen den Einsatz von Hypnose. Bei Michael widerstand es mir ganz besonders, weil ich fürchtete, die Hypnose könne ihm das Gefühl geben, wieder in eine passive Haltung gedrängt zu werden, in der er Veränderungen über sich ergehen lassen muß, ohne sie kontrollieren oder sich aktiv an ihnen beteiligen zu können.

Falls es gelang, die Frage der Passivität zu lösen, wollte ich ihn in eine leichte Trance versetzen und ihm suggerieren, mehr Freude an seinen Schularbeiten und weniger Interesse am Fernsehen zu haben. Es war nicht nur Michaels Überredungskunst, die mich eine Hypnose in Betracht ziehen ließ. Wir suchten beide nach einer schnelleren Methode, um die Zeit, die uns noch blieb, optimal zu nutzen. Er wollte gerne fernsehen — aber er wollte auch seine Schulaufgaben machen und rasch erwachsen werden.

Ich war kein Experte auf dem Gebiet der Hypnose, aber ich konnte davon ausgehen, daß Michael sich ohnehin schon entschlossen hatte, in Zukunft mehr für die Schule zu arbeiten und seine Vergnügungen so zu gestalten, daß sie ihn nicht behinderten in dem, was er jetzt für sehr wichtig hielt — eine richtige Schulausbildung. Ich war zuversichtlich, daß er sein Ziel erreichen würde — wenn das überhaupt möglich war — wenn er sich erst einmal entschlossen hatte, seine Schulprobleme zu lösen.

Mir war allerdings nicht ganz klar, warum er meine Mitarbeit wünschte. Allem Anschein nach hatte er mich um Hilfe gebeten, weil ich sein Freund und in der Lage war, ihn in die gewünschte Hypnose zu versetzen. Zugleich hatte ich das Gefühl, daß es noch einen anderen Grund gab, der auf einer ganz anderen Ebene lag: Vielleicht hatte er mich zu diesem Unternehmen eingeladen, weil er wußte, daß es gelingen konnte. Wir hatten so viele Frustrationen geteilt — jetzt wollte er vielleicht wenigstens *einen* Erfolg mit mir teilen.

Als ich ihn das nächste Mal traf, verlangte er, ich soll sofort mit der Hypnose beginnen. Ich sprach ihm von meiner Angst, eine Hypnose könne ihn wieder in eine passive Haltung versetzen und erneut die Gefühle im Zusammenhang mit seiner

Operation provozieren. Er drehte sich zu mir um und sagte: »*Ich* bin derjenige, der dich darum bittet, der dir sagt, daß du es tun sollst. *Ich* bin der Kommandant. Ist das nicht genug?«

Es war genug. Michael erzählte mir dann, daß er jetzt sein Leben selbst in die Hand nehmen, seine »Fernsehsucht« besiegen und versuchen wolle, mehr mit seinen Freunden zu spielen. Aber sein Hauptziel war, in der Schule besser zu werden. Er sagte: »Ich werde mehr für die Schule arbeiten, ich will eine gute Schulbildung, und ich will, daß du mich bei unseren nächsten Treffen für eine Weile hypnotisierst. Und versuch nicht, mich davon abzulenken, das wird nicht klappen. Wir müssen das tun, damit ich nicht zuviel fernsehe.«

Er bestand also auf seinem Wunsch und war sich seiner Sache ganz sicher. Gleichzeitig bat er mich, seine Freude am Fernsehen nicht ganz auszuschalten. Er wollte sich dieses Vergnügen neben seinen anderen Unternehmungen gönnen.

Jede der nächsten fünf Sitzungen begann damit, daß Michael sofort zur Couch ging, sich hinlegte und mich aufforderte, »damit anzufangen«. Ich gehorchte und versetzte ihn in eine nach meiner Meinung leichte Trance. Ich sagte, daß er von nun an weniger fernsehen, daß er Spaß an seinen Schularbeiten und auch weiterhin Vergnügen an ausgewählten Fernsehsendungen haben würde. In der verbleibenden Zeit diskutierte er mit mir über die Effektivität der Hypnose und erzählte mir, er sitze sehr viel weniger vor dem Fernseher und mehr vor seinen Schulaufgaben.

»Und nicht nur das — meine Schularbeiten machen mir jetzt auch Spaß.«

Am Ende unserer fünften Hypnosesitzung teilte er mir mit, jetzt habe er die »Fernsehsucht« besiegt und sei zufrieden mit der Zeit und der Aufmerksamkeit, die er seinen Schularbeiten widme. Er versprach, mich über seine Fortschritte auf dem Laufenden zu halten.

Ein paar Wochen später erzählte mir Mrs. Gardner, es habe in jüngster Zeit eine auffallende Veränderung in Michaels Haltung gegeben. Er war viel kooperativer geworden und machte regelmäßig seine Schularbeiten. Die Berichte aus der Schule über Projekte, mit denen er sich beschäftigte, waren sehr positiv. Michael schaute sich immer noch einige Fernsehsendungen an, aber er hatte sich selbst einen sehr strengen Zeitplan auferlegt. Mrs. Gardner hatte das Gefühl, etwas Bedeutsames geschah, aber sie wußte nicht, was es war. Auch ich wußte es nicht, aber die Auswirkungen schienen sehr gut zu sein. Michaels Stimmung zeugte von umfassender Zufriedenheit. Er hatte sich offenbar ein Ziel gesetzt und benahm sich, als liefe alles genau in die Richtung, die er sich vorgenommen hatte.

Michael hatte seiner Mutter von unseren Hypnosesitzungen erzählt, und sie berichtete, alles müsse an dem Abend angefangen haben, als Michael im Fernsehen sah, wie ein Psychiater einen Patienten mit Hypnose von einer Phobie befreite. Michael hatte gespannt zugeschaut und seiner Mutter viele Fragen gestellt.

Funktionierte das? Konnte das wirklich jemandem helfen? Glaubte sie, daß sein Psychoanalytiker ihn hypnotisieren könne? Ob er es auch tun würde? Mrs. Gardner hatte gefühlt, daß damals bei unseren Sitzungen irgendetwas passierte. Michael war aufgeregt und begieriger als sonst auf diese Treffen. Und wenn eine Sitzung beendet war und er zum Auto zurückkehrte, schien er entspannt und ruhig. Er erzählte dann, daß er sich viel besser fühle, und benutzte dabei den Begriff »ausgeruht«.

Michael hatte ihr auch erzählt, daß es ihn ärgere, wenn andere Kinder in der Schule und beim Sport besser waren als er. Er ärgerte sich über die Aufmerksamkeit, die sie von den Lehrern bekamen, und seine Bemerkungen belegten sein Konkurrenzverhältnis zu seinen Klassenkameraden. Eines Tages auf dem Heimweg von einer der Hypnosesitzungen sagte er zu seiner Mutter, von jetzt an werde er besser sein in der Schule. »Das habe ich beschlossen, und ich werde es schaffen!« sprach er. Die Ergebnisse, die er später vorweisen konnte, waren der Beweis.

Mrs. Gardners Gefühle in Bezug auf Michaels Entwicklung waren vielschichtig. Seine Fortschritte erfüllten sie mit Zufriedenheit und Freude, aber zugleich war sie voller Besorgnis, was dieser Fortschritt in der Zukunft bringen würde. Sie spürte Gefahr, weil sie wußte, daß dieser Prozeß jederzeit abgebrochen werden konnte. Sie freute sich an jedem seiner Erfolge, aber gleichzeitig fürchtete sie sich vor den Rückschlägen, die jeder Tag bringen konnte.

Zu dieser Zeit erwähnte Michael mir gegenüber, daß er mit seiner Mutter einen Friedhof besucht habe. Dabei erzählte er mir ziemlich beiläufig, er habe eine Stelle entdeckt, an der er begraben werden wolle, »wenn die Zeit kommt«. Er erklärte, er habe überlegt, ob er mir die Stelle zeigen solle, sei aber nach langem Nachdenken zu dem Schluß gekommen, sie mir lieber zu beschreiben.

»Es ist auf einem kleinen Hügel, unter einem Baum, wo eine Menge Schatten ist, wenn es heiß wird . . . Es ist wirklich sehr hübsch dort.«

In seiner Stimme lag weder Selbstmitleid, noch Zorn oder Frustration. In einer reifen, nüchternen Weise akzeptierte er es, weiterzuleben und sich zugleich auf den Tod vorzubereiten — und zwar auf eine Art, die ganz klar zeigte, daß der Tod für ihn ein Teil des Lebens war. Er meisterte sein Schicksal vortrefflich, was mir nicht gelang. Als er an diesem Tag fortging, kamen mir die Tränen.

Es war klar, daß Michael einige seiner Probleme gelöst hatte. Er genoß es inzwischen, mit seinem Vater zusammenzusein und war auch Anthony gegenüber toleranter und nachsichtiger geworden. Auch auf das Konkurrenzverhältnis zu seinen Klassenkameraden hatte er sich eingelassen und isolierte sich nicht länger von seiner Umgebung, sondern warf sich voll in den Wettstreit um bessere Zensuren und die damit verbundenen Vorteile. Und gleichzeitig schaffte er es, seiner Mutter die Stelle zu zeigen, an der er begraben werden wollte. Er setzte sich mit seinem Tod auseinander und mit der Möglichkeit, daß er schnell näherrückte. Auch die Grenzen unserer Beziehung hatte er klar definiert: Er wollte mir zwar beschreiben, wo er begraben werden wollte, aber er hatte sich dagegen entschieden, mir die Stelle zu zeigen.

Der Meeresforscher

»Schau dir das mal an!« sagte Michael stolz, wobei er eine Schularbeit vor mir auf den Tisch fallen ließ. Er hatte einen Bericht über den Flußkrebs angefertigt und dafür die beste Zensur bekommen. Die Anmerkungen des Lehrers waren äußerst lobend. Michaels Stolz über das, was er zustande gebracht hatte, drückte sich in seiner ganzen Haltung aus — vom strahlenden Gesicht bis zur vorgestreckten Brust und dem hochgereckten Kinn. Ich blätterte die Arbeit durch und war beeindruckt von seiner hervorragenden Leistung. Besonders die Zeichnungen waren bemerkenswert, sie mußten das Ergebnis stundenlanger mühsamer Arbeit sein. Insgesamt hätte man ein solches Referat eher von einem Schüler der Oberstufe erwartet. Ich war sehr stolz auf Michael und auf das, was er erreicht hatte, aber ich empfand auch Beklemmung, ja, sogar Besorgnis angesichts des Übermaßes an Zielstrebigkeit und Entschlossenheit, das sich in seinem Werk widerspiegelte.

Ich beschrieb ihm meine Gefühle und gab der Vermutung Ausdruck, er müsse unter enormem Druck stehen, um eine solche Arbeit schreiben zu können.

»Du hast recht«, sagte er, »aber ich habe noch eine Menge Arbeit vor mir, und ich werde sie tun«.

»Ich bin froh, daß du arbeiten willst, und ich weiß, daß du es schaffen wirst, Michael«, sagte ich, »aber du hast Zeit, verstehst du? Du mußt nicht alles an einem Tag schaffen!«

»Woher weißt du, daß ich Zeit habe oder wieviel Zeit ich habe?« Seine Antwort kam so schnell, daß es mich erschreckte.

»Meinst du den Krebs oder die Möglichkeit, daß du stirbst?« fragte ich.

»Nein, ich spreche über das Leben. Ich werde mit dir niemals über das Sterben sprechen. Ich werde einfach leben, solange ich kann, und so viel tun, wie ich kann. Es ist dumm, ans Sterben zu denken, denn dann kann man nichts erreichen, solange man noch lebt.«

Mit diesem wohlgesetzten und leidenschaftlich gesprochenen Satz war mein Patient zu meinem Lehrer geworden. Ich habe immer die Ansicht vertreten, daß in einer echten Therapie auch der Therapeut von seinem Patienten lernt und dadurch erst anderen bei ihren Schwierigkeiten helfen kann. Michael hatte mir gerade eine sehr positive Weise, sich mit dem Tod auseinanderzusetzen, demonstriert. Er hatte, was nur wenigen unter uns gelingt — die Bedeutung jeder Stunde, jeden Tages und jeden Jahres, das uns beschieden ist, erkannt. Er benutzte dieses Wissen auf positive Weise und ließ sich nicht von der Unvermeidlichkeit seines Todes niederdrücken.

»Michael, du hast so recht«, antwortete ich, einigermaßen mitgenommen von unserem Gespräch.

»Du kannst mir bei einigen Dingen helfen, die ich in meinen Leben noch tun muß und tun will«, sagte er, ohne zu zögern.

»Das will ich gerne tun, aber ich will auch mir dir reden über alle Gedanken und Sorgen, die du vielleicht hast.«

»In Ordnung, das machen wir«, erwiderte er. »Und jetzt will ich dir ein wirkliches Geheimnis verraten«, fuhr er rasch fort, wobei seine Augen vor Erregung glitzerten. »Ich habe beschlossen, daß ich Meeresforscher werden will! Ich will alles über das Leben im Meer lernen. Da unten gibt es eine Menge interessanter Dinge, und von denen will ich etwas erfahren. Und ich will, daß *du* mir dabei hilfst«, schloß er atemlos.

Er saß auf der Kante seines Sessels und schaute mich ernsthaft und prüfend an. Würde ich ihn unterstützen? Würde ich ihn ernstnehmen? Würde ich erkennen, daß er die Entschlußkraft eines Erwachsenen hatte?

»Ich will dir helfen, soviel ich kann. Sag mir nur, wie, dann werde ich es tun«, erwiderte ich überzeugt.

»Du lachst nicht über mich!« Das war eine Feststellung. »Ich hatte solche Angst, daß du über mich lachen würdest.«

»Warum sollte ich über dich lachen, Michael?« fragte ich ungläubig.

»Weil alle mich wie ein kleines Kind behandeln, und du bist ein Erwachsener.«

»Du hast recht. Dabei können Kinder manchmal den Erwachsenen so viel beibringen. So wie du mich viel gelehrt hast und andere noch lehren wirst.«

Die restlichen Minuten dieser Sitzung verbrachten wir schweigend.

Als er gegangen war, dachte ich lange Zeit über die Sitzung nach und darüber, wie sich dieser junge Mann entwickelte. Er war wirklich kein Junge mehr; er war jetzt fast Dreizehn und weit über sein Alter hinaus gereift. Er hatte mir klar gesagt, was er tun wollte: sein Leben nicht passiv über sich ergehen lassen. Er würde sich nicht zurücklehnen und darauf warten, daß der Tod ihn einholte, sondern sich dem Leben stellen und einen Beruf erlernen. Er beschleunigte seine Entwicklung in seinem begrenzten Bereich und packte so in die verbleibende Zeit soviel Leben wie nur irgend möglich.

Wir alle vermengen unser wirkliches Leben mit einem gewissen Anteil an Phantasie, die wir oft benutzen, um der Realität zu entfliehen. Von Therapeuten wird nun erwartet, daß sie ihren Patienten helfen, mit der Realität zurechtzukommen. Normalerweise wäre das auch bei Michael meine Aufgabe gewesen. Seine Realität enthielt so viele deprimierende Möglichkeiten, daß er gewiß Hilfe brauchte, um damit fertigzuwerden. Ich hätte mit ihm über den Tod sprechen und seine diesbezüglichen Gefühle erforschen sollen. Allerdings hatte er dem Weg, den andere für den richtigen hielten — seine Physiotherapeutin, seine Ärzte und das Personal des Behindertenzentrums —, heftigen Widerstand entgegengesetzt. Er hatte gekämpft und er kämpfte immer noch. War es da meine Aufgabe, ihn zu zwingen, sich seiner Krankheit und dem bevorstehenden Tod zu stellen, indem ich das Ereignis, das er sicher am meisten fürchtete, in allen Einzelheiten mit ihm durchging?

Aber was war, wenn er wirklich sehr bald starb? Wenn es schon im nächsten Monat soweit war, hatte ich ihm dann nicht einen schlechten Dienst erwiesen, wenn ich ihn emotional ungeschützt dem Tod auslieferte? Trotz dieser Befürchtungen riet mir mein Instinkt, mich zu seinem Verbündeten zu machen und seinen Wunsch, mit dem Leben auf seine eigene Weise umzugehen, zu respektieren. Wenn er das Gefühl hatte, er könne selbst am besten mit seiner Situation fertigwerden, indem er sich mit dem Erwachsenwerden beeilte, sollte ich dann nicht diese Bemühungen unterstützen? Er tat nichts Selbstzerstörerisches, und ich hatte das Gefühl, ihm mehr zu nutzen als zu schaden, wenn ich mich ihm anschloß. Warum brauchte ich nur so lange, um mir klarzumachen, daß er selbst wußte, was für ihn am besten war?

Michaels Berufswahl berührte mich eigenartig. Warum Ozeanographie? Seltsamerweise hatten sein Vater und ich in unseren ersten Gesprächen darüber geredet, wie sehr uns das Meer faszinierte. Eine ganze Reihe von Jahren später entdeckte ich nun, daß sein Sohn ähnliche Interessen entwickelte. Michael hatte zwar verhältnismäßig wenig Zeit an der Küste zugebracht, doch lebten beide Großelternpaare in der Nähe des Meeres. In seiner frühen Kindheit hatte er den Ozean und alles, was in ihm war, schätzen gelernt. Und außerdem hatte er in seiner Zeit am Meer noch beide Arme besessen, war also tatsächlich »ganz« gewesen.

Ich erinnerte mich an unsere ersten Anstrengungen mit dem Schiffswrack und der anschließenden Rettungsoperation. Sicher hatte das viel zu tun gehabt mit Michaels Interesse am Meer und mit den Dramen, die sich unter dessen Oberfläche abspielten. Ich dachte auch an seine Träume von Haien, die ihn im Wasser angegriffen hatten, als er sich noch bedroht fühlte. Offenbar hatte sich Michael einen Beruf ausgesucht, mit dem er einen Teil des Unbekannten meistern — und sich dadurch vielleicht endlich zum Herrn seines Schicksals machen wollte.

Schließlich entdeckte ich noch eine weitere Möglichkeit, die mich mit ehrfürchtigem Staunen für die Funktion des menschlichen Geistes erfüllte — in diesem Fall von Michaels Geist. Ich dachte an den Flußkrebs und an Michaels Arbeit, mit der er die Diskussion über seine Berufswahl begonnen hatte. Flußkrebse . . . Krustentiere . . . ich dachte zurück an meinen Biologieunterricht. Diese Tiere gehörten zu den Lebewesen, denen verlorengegangene Glieder — wie eine abgetrennte Schere — nachwachsen. Wollte Michael darüber mehr herausfinden? Wollte er durch seine Studien lernen, wie man ein Glied nachwachsen lassen konnte? Konnte er tatsächlich lernen, seinen Arm zu ersetzen? Michael war ein Kämpfer. Er mußte die Dinge im Griff haben. Ich fragte mich, ob er sich in diesem Stadium schon dieser Implikationen bewußt war und ob die Zeit es uns erlauben würde, sie zu erforschen. Kein Wunder, daß er so interessiert an der Meeresforschung war. Kein Wunder, daß ich so an ihm interessiert war.

Seine Eltern hatten mir erzählt, daß er nach den ersten zwanzig Sitzungen Widerstand gegen unsere Treffen gezeigt hatte. Er beklagte sich, aber er kam. Manchmal war er sehr wütend, er meine Praxis verließ und saß auf dem ganzen Heimweg schweigend da. Mrs. Gardner unternahm nichts dagegen, machte nur gelegentlich eine Bemerkung darüber, wie schwierig das alles für ihn sein müsse. Darauf erhielt sie nie mehr als ein Grunzen zur Antwort.

Michael nannte mich auch nie beim Namen. Ich war »er«, »der Psycho-Mensch« oder »du weißt schon, von wem ich rede«. Als jedoch an dem Haus neben meiner Praxis ein »Zuverkaufen« -Schild hing, hatte er seine Eltern gefragt, ob sie es nicht erwerben könnten, damit er neben mir ins Nachbarhaus ziehen könne. Als seine Eltern ihm sagten, daß ich woanders wohnte, bat er seine Mutter, mir bis nach Hause zu folgen, um herauszufinden, wo ich wohnte und was für eine Familie ich hatte. Wenn er Streit mit seinen Eltern oder seinen Brüdern hatte, pflegte er zu sagen: »Der Psycho-Mensch ist mein Freund, der würde mir recht geben! Der würde sagen, daß alles, was ich sage oder tue, in Ordnung ist.« Für Eltern mußte es sehr schwer sein, diese Haltung zu akzeptieren oder zu begreifen. Er gab den Gardners zu verstehen, daß er an mir hing, aber auf einer anderen Ebene versuchte er, mich gegen sie auszuspielen. Dieses Verhalten intensivierte sich ungefähr zu der Zeit, als er beschloß, Meeresforscher zu werden, und ich hielt es für wahrscheinlich, daß er sich anschickte, seinen Eltern diese Entscheidung mitzuteilen. Wenn es sein mußte, wollte er mich dazu benutzen, sich gegenüber seinen Eltern durchzusetzen und seinen Plan für ein Leben in der Welt der Erwachsenen zu verwirklichen, wobei seine Berufswahl ein Anfang sein sollte.

Während Michaels Eltern den Umgang mit ihrem bemerkenswerten Sohn beschrieben, konnte ich nicht umhin, mich darüber zu wundern, wie bemerkenswert sie selbst waren. Für mich war es ganz außergewöhnlich, daß sie Michaels starke Zuneigung zu einem anderen Erwachsenen ertrugen, ohne zu befürchten, vielleicht ihren herausragenden Platz zu verlieren. Schließlich mußten sie doch mit dem drohenden Verlust ihres Sohnes fertigwerden; dennoch konnten sie zulassen, daß er sich sein Leben und seine Beziehungen zu anderen Menschen selbst aussuchte, ohne sich selbst zurückgestoßen zu fühlen. Sie hatten ihm genug Freiraum gegeben, eine Phase seiner Entwicklung zu durchlaufen, in der er Isolation als Hauptverteidigung benutzte. In gleicher Weise hatten sie ihm erlaubt, seinen normalen ödipalen Konflikt ohne Einmischung zu bewältigen. Ich zweifelte nicht, daß sie sich nun auch bemühen würden, ihm die Freiheit zu lassen, früh in die Welt der Erwachsenen einzutreten, und daß sie ihn unterstützen würden in seinem Bemühen, in der kurzen Zeit, die ihm bestimmt war, ein so erfülltes Leben wie möglich zu führen. Ob Michael es wußte oder nicht — mir war jedenfalls klar, daß seine Eltern ihm den Traum von einem erfolgreichen Leben als Erwachsener zugestehen würden, ohne ihm seine reale Situation vor Augen zu führen. Sie erlaubten ihm, sich mehr mit dem Leben als mit dem Tod zu beschäftigen. Vielleicht war es eine instinktive Fähigkeit, und vielleicht lag der Trick nur darin, das eigene Kind zu kennen. Auf jeden Fall war es eine neue Art und Weise, sich mit dem Tod abzufinden. Michael war ein ungewöhnlicher Junge, oder besser: ein ungewöhnlicher junger Mann. Mr. und Mrs. Gardner waren ungewöhnliche Eltern.

In den nächsten Wochen bestanden Michaels Sitzungen in der Hauptsache aus Gesprächen über Themen aus der Meereskunde, die ihn interessierten. Zu den Sitzungen brachte er ein Buch nach dem anderen, ein Bild nach dem anderen mit. Er war zugleich mein Lehrer und mein Mitschüler. Zusammen lernten wir vieles über den Ozean und über dessen Innenwelt. Alle Versuche meinerseits mit ihm darüber zu diskutieren, daß er mir früher schon Dinge über sich selbst auf dem Umweg über das Meer mitgeteilt hatte und die neuen Erkenntnisse vielleicht benutzen könne, sich in Zukunft selbst zu helfen, stießen auf ärgerliche Ablehnung.

Bei einer Sitzung erzählte er mir dann, daß er sich an der Universität von Miami einschreiben wollte, um seine Studien fortzusetzen. Während der nächsten Sitzungen füllte ihn die Beschäftigung mit seinem Bewerbungsschreiben voll aus. Er hatte Angst, nicht ernstgenommen zu werden. Wenn sie ihn nun ablehnten, weil er zu jung war? Würden sie seine Bitte nach einem Vorlesungsverzeichnis erfüllen? Sollte er seine Eltern bitten, für ihn zu schreiben? Sollte ich es lieber für ihn tun? Diesen Einfall verwarf er schnell und erwog dann, mit seinem Lehrern darüber zu reden.

Irgendwie beschaffte er sich dann ein Vorlesungsverzeichnis. Wie er daran gekommen war, wollte er nicht erzählen, stattdessen wandte er sich einem neuen Problem zu. Er erinnerte mich an mein Zögern, ihn zu hypnotisieren und daran, auf diese Weise schließlich außerordentlich gute Ergebnisse in der Schule erzielt zu haben. Jetzt mußte er Französisch lernen, um zur Universität von Miami zugelassen zu werden. Das Schuljahr war fast vorbei, und Michael wollte nicht einen ganzen Sommer ungenutzt lassen. Ein Ferienkurs in Französisch wurde nicht angeboten, und Stunden bei einem Privatlehrer kamen nicht in Frage, denn er konnte weder Zeit noch Energie aufbringen, um eine gute Beziehung zu einem neuen Lehrer aufzubauen. Außerdem wollte er seinen geheimen Wunschtraum, Meeresforscher zu werden, mit niemandem sonst teilen.

Nachdem er mir erzählt hatte, wo er überall *nicht* Französisch lernen konnte, schaute er mich aufmerksam an und sagte: »Du bist meine einzige Hoffnung. Mutti und Vati haben gesagt, sie glauben, daß du Französisch kannst. Willst du es mir beibringen? Wenn ja, komme ich jeden Tag.«

Michael war beharrlich und überzeugend, ich mußte mich dem beugen. Ich versprach, mein Bestes zu tun, sagte ihm allerdings warnend, daß ich mir meines Beitrags zu diesem Unternehmen nicht allzu sicher sei. Er versicherte mir: »Wir werden das sehr gut machen. Zur nächsten Sitzung bringe ich mein Französischbuch mit.«

Für den Rest des Sommers versenkte sich Michael völlig in seine Französischstunden. Er lernte systematisch und benutzte die Zeit zwischen den Sitzungen, ein Kapitel nach dem anderen in seinem Buch zu bewältigen. Die Ausnahmen von den grammatikalischen Regeln, die Akzente und die neue Aussprache frustrierten ihn, aber nur für kurze Zeit. Es gab gar keine Frage: Wenn Michael sich zu etwas entschloß, dann konnte ihn nichts bremsen. Meine Fragen nach anderen Bereichen seines Lebens — seinen Freunden, seinen Brüdern, seinen Eltern — stießen auf Ablehnung. Seine Entschlossenheit ließ keinen Raum für eine Unterhaltung über andere Themen; wann immer ich versuchte, das Thema zu wechseln, erinnerte Michael mich daran, daß wir uns eine Aufgabe gesetzt hatten und daß er nichts anderes tun wollte.

Ich hatte tiefen Respekt vor seiner Beharrlichkeit, doch als mein vierwöchiger Urlaub näher rückte, machte ich mir Sorgen, welche Auswirkungen meine Abwesenheit in emotionaler Hinsicht für ihn haben könnte. Wie sich herausstellte, war meine Besorgnis überflüsig. Michael nahm die Nachricht von meiner bevorstehenden Abreise kaum zur Kenntnis. »Ich will weiter meine Französisch-Übungen machen«, war seine Reaktion. Ich versuchte, ihn darauf hinzuweisen, daß er sich weigerte, mit mir über seine Gefühle hinsichtlich meiner Abwesenheit zu sprechen.

»Du scheinst nicht zu verstehen«, entgegnete er. »Ich muß vorankommen, ich muß dafür sorgen, daß ich Meeresforscher werden kann. Das ist der Grund dafür, daß ich Französisch lerne. Du beschließt, Urlaub zu machen. Ich kann dich nicht daran hindern, nicht wahr? Warum sollte ich also meine Zeit darauf verschwenden, mich zu beklagen? Ich möchte lieber die Zeit nutzen, damit du mir bei meiner Französischübung hilfst.«

Was konnte man gegen diese logische Argumentation ausrichten? Danach sagte er mir, wir würden jetzt noch härter arbeiten müssen, damit wir so weit vorankämen, daß er während meiner Abwesenheit alleine weiterarbeiten könnte. Ich fügte mich weitgehend. Dennoch versuchte ich, ihn dazu zu bringen, einen Teil jeder Sitzung darauf zu verwenden, über die Gefühle von Zorn oder Enttäuschung zu reden, die er vielleicht empfand, weil ich von ihm fort sein würde.

»Wenn du an die anderen Dinge denkst, über die ich wütend oder enttäuscht sein könnte, dann ist das wirklich nicht so wichtig, nicht wahr?«

Diese Entgegnung kam am Tag vor meiner Abreise. Sie traf die Sache auf den Punkt, realistisch und sehr erwachsen. Und wieder verfolgte mich der Gedanke, daß ich hier beobachtete, wie die Jugend mit dem Schicksal des Alters konfrontiert war.

Sechster Teil:
Der letzte Hafen

*Der Kapitän begreift, daß das Schiff in schwerer Gefahr ist.
Seine Seemannskunst steht vor der größten Bewährungsprobe:
Kann er sein Schiff stolz bis zum letzten Hafen lenken, oder
wird es auf offener See mit ihm sinken?*

Keine Zeit mehr für Träume

Bei der Beendigung einer psychotherapeutischen Behandlung gibt es normalerweise eine ganze Reihe von abschließenden Sitzungen und dann schließlich eine letzte Sitzung. In den meisten Fällen ist klar, wann es an der Zeit ist, mit den abschließenden Sitzungen zu beginnen. Ich traute mir nicht zu, entscheiden zu können, wann bei Michael dieses Stadium erreicht war. Die Probleme waren zu bedeutsam. Hatte ich ihn auf das Leben vorbereitet, auch wenn dieses Leben ihm verweigert werden würde? Hatte ich ihn auf das Sterben vorbereitet, obgleich er mir nie gestattete, dieses unausweichliche Faktum direkt zu diskutieren? Im Nachhinein habe ich die Vermutung, daß es wieder Michael war, der eine klare Vorstellung von den Zeitabläufen hatte, denn letztlich war er es, der über unseren Abschied bestimmte.

Jedesmal, wenn ich dachte, es wäre an der Zeit, mit der Endphase der Therapie zu beginnen, tauchte etwas auf, das mich zu der Überzeugung brachte, wir sollten weitermachen — bis schließlich Michaels Krankheit das nicht länger erlaubte. Aber es fügte sich, daß wir tatsächlich eine abschließende Sitzung in meiner Praxis hatten.

Von da an haftete an jeder weiteren Sitzung so etwas wie Abschiedsstimmung, zuerst im Krankenhaus und danach bei Michael zu Hause. Wir nahmen voneinander Abschied, als Michael zu Hause war, ein paar Tage vor seinem Tod. Ich habe immer das Gefühl gehabt, daß das genau nach Michaels Plan war.

Die letzte Sitzung in meiner Praxis fand im Spätherbst des Jahres statt, in dem Michael dreizehn wurde. Zu dieser Zeit sah er sehr dünn aus, ging und sprach langsam und war sehr schwach. Er beklagte sich bitterlich, daß er von seinen Ärzten und überhaupt von allen, die für ihn sorgten, »herumgeschubst« würde.

Seine Studien in Ozeanographie und Französisch hörten mit einem Schlag auf. Der Traum, weiterleben zu können, war vorbei. Wir saßen schweigend da und beugten uns der Erkenntnis, daß das Ende der Wunschträume gekommen war. Wir waren jetzt direkt mit Michaels Problemen angesichts des unmittelbar bevorstehenden Todes konfrontiert.

»Sie wollen alle, daß ich mich bewege. Erst wollen meine Eltern, daß ich mit ihnen draußen ums Haus herumgehe. Wenn ich mich weigere, dann wollen sie, daß ich durch das Haus gehe. Wenn ich das nicht kann, bitten sie mich, in meinem Zimmer hin und her zu gehen. Und ich will in Wirklichkeit nichts von alledem.«

»Du fühlst dich offenbar müde, Michael. Mir scheint, dich beschäftigen eine Menge Dinge; und dir Bewegung zu verschaffen, gehört nicht dazu.«

»Und nicht nur das — sie drängen mich auch dauernd, ich solle essen. Iß, iß, iß!«

»Und du bist nicht einmal hungrig«, fügte ich hinzu. Aber ich fragte mich im Stillen, ob seine Appetitlosigkeit und seine Ablehnung irgendeiner körperlichen Betätigung nicht ebenso einer Depression zuzuschreiben war, wie der Tatsache, daß er die letzte, tödliche Phase seiner Krankheit erreicht hatte.

Während ich nahe bei ihm saß, dachte ich: »Wir haben jetzt alle das Stadium der Hilflosigkeit erreicht.« Mit Sicherheit machten Michaels Eltern, die Pflegeschwestern und die Ärzte jetzt die schmerzhafte Erfahrung, daß sie die Grenzen ihrer Möglichkeiten erreicht hatten. Ich wußte, daß sie versuchen würden, Michaels Aktivität zu erhalten, damit er sich besser fühlte, und ich wußte, daß sie versuchen würden, seine Schmerzen zu lindern und seinen Tod leicht zu machen. Ich wußte auch, daß allein Michaels Gegenwart es für alle schwer machen würde.

Mit einem sterbenden Menschen über seine Empfindungen zu reden, ist für die Weiterlebenden eine emotionale Zerreißprobe. Aber genau das mußten wir tun. Ich fragte mich, ob ich dazu in der Lage war. Wie das Schicksal es wollte, verlor ich im Frühherbst meinen Vater. Ich betrauerte ihn und fragte mich, ob ich dadurch deprimierter und für Michael unzugänglicher wurde. Oder war ich dadurch zu einer neuen Haltung gekommen, die mir erlaubte, mich mit Michael und seinem Kampf mit dem Tod auf einer bedeutsameren Ebene auseinanderzusetzen?

Michael unterbrach meiner Überlegungen. »Ich habe es satt, daß alle versuchen, mich Dinge tun zu lassen, die ich überhaupt nicht tun will!«

»Hast du den Kampf satt, Michael? Hast du das Gefühl, die reparierte Stelle am Schiff löst sich und das Schiff ist dabei, zu sinken?«

»Ich will nicht darüber sprechen«, sagte er zornig. »Ich habe es satt, daß Leute sich in Dinge einmischen, die nur mich angehen. Meine Eltern nerven mich dauernd, ich soll essen. Sie nerven mich mit dem Essen. Sie nerven mich, ich soll Spaziergänge mit ihnen machen. Meine Brüder spielen mit meinen Spielzeugen, und ich will das nicht. Was passiert, wenn ich nicht mehr auf mein Spielzeug aufpassen kann? Was geschieht, wenn sie kommen und sich alles nehmen?« Dann schaute er mich an. Seine Augen glitzerten und ein kleines Lächeln erschien auf seinem Gesicht. »Weißt du, was ich machen werde?« fragte er mich. Ohne auf eine Antwort zu warten, beugte er sich rasch vor und erzählte: »Der beste Weg, meine Sachen zu beschützen, ist, meine Brüder zu erschrecken. Ich habe sie gewarnt: Wenn sie meine Sachen nicht in Ruhe lassen und meine Wünsche nicht respektieren, dann komme ich zurück und erscheine ihnen als Gespenst. Das funktioniert wirklich. Das funktioniert!«

Mir fiel auf, daß nur eine Hälfte seiner Bemühungen sich um die Einmischungen drehte, die er fürchtete. Es ging ihm um mehr als um den Schutz seiner Besitztümer. »Hast du gerade einen Plan entworfen, wie du die Beziehung zu deinen Brüdern nach deinem Tod fortsetzen willst?«

Michael setzte sich plötzlich aufrecht hin, schaute mich direkt an und sagte: »Wenn ich als Geist wiederkomme, kann ich immer noch bei meiner Familie sein. Ich kann hören, wie sie über mich sprechen und wie sie sich an mich erinnern. Sie können mich nicht zwingen, zu essen oder spazierenzugehen, aber ich werde trotzdem bei ihnen sein.«

»Auf diese Weise kannst du vielleicht leichter mit dem Gedanken fertigwerden, wie sehr du deine Eltern, deine Brüder und mich vermissen wirst. Es ist hart, daran zu denken, daß du uns alle verlieren wirst. Es ist hart, daran zu denken, daß du uns alle verlieren wirst, wenn du stirbst, Michael!«

Ich dachte daran, wieviel es mir gegeben hatte, die Arbeiten von Elisabeth Kübler-Ross zu lesen, deren Forschung sich mit Sterbenden beschäftigte. Ganz besonders bedeutsam war für mich ihre Beobachtung, daß — während jeder Angehörige eines Sterbenden deprimiert ist angesichts des drohenden Verlustes einer Person — der sterbende Mensch mit dem drohenden Verlust *aller* Menschen seiner Umgebung konfrontiert ist. Ich war sicher, daß Michael sich derzeit mit diesem Gedanken auseinandersetzte.

»Wirst du noch an mich denken, wenn ich nicht mehr da bin?« fragte er.

»Ich habe an dich gedacht, seit ich dich kenne, Michael, und ich weiß, daß ich sehr viel an dich denken werde, wenn du fort bist«, antwortete ich und hoffte, ich würde die Tränen, die mir in den Augen standen, zurückhalten können.

»Du weißt, daß meine Eltern und ich eine Stelle auf einem Friedhof ausgesucht haben, wo ich begraben werde. Es ist ein netter Platz unter einem Baum. Vielleicht willst du mal dahin kommen. Ich frage mich, wie oft meine Familie kommen wird. Glaubst du, ich werde wissen, wenn sie da sind? Oder wenn meine Freunde da sind?«

»Du weißt natürlich, daß ich keine Antwort auf diese Frage habe. Aber du weißt auch, daß du im Leben deiner Eltern, deiner Brüder, deiner Freunde und auch in meinem Leben immer eine bedeutende Rolle gespielt hast und daß du das auch weiterhin tun wirst. Ich werde mich an deinen Mut erinnern und daran, wie beherzt du den Kampf mit deiner Krankheit aufgenommen hast. Du bist ein weites Stück vorangekommen auf dem Weg, dir über deine Gefühle angesichts von Leben und Tod klarzuwerden.«

»Ich habe vielleicht schon einen weiten Weg zurückgelegt, aber ich muß immer noch über vieles nachdenken.«

»Du hast schon über vieles nachgedacht. Und du mußt noch viel über das nachdenken, was mit uns geschieht, wenn wir gestorben sind.« Dann erkannte ich, daß Michael diese Gefühle sorgsam erforscht hatte, daß ich sie aber — aus Gründen, die mit mir und meiner eigenen menschlichen Begrenztheit, aber auch mit Michaels Unzugänglichkeit zu tun hatten — nicht in vollem Ausmaß mit ihm erforscht hatte. Ich hatte den Eindruck, Michael wollte mir sagen, daß er in einem späteren Leben weiter nachdenken, weiter forschen, weiter fühlen und auf diese Weise den therapeutischen Prozeß allein weiterführen und seine Beziehung zu mir fortsetzen könne. »Ich bin sicher, daß deine Familie eine Menge über dich nachdenkt, und ich frage mich, ob ihr schon mal darüber geredet habt, wie ihr alle das empfindet. Ich glaube, es ist wichtig für dich, mit deinen Eltern darüber zu sprechen.«

Diesen Vorschlag wies er zurück: »Ich werde darüber reden, wenn ich dazu bereit bin.« Dann beugte er sich zu mir und sagte: »Ich würde gerne mit dir ins Restaurant gehen und etwas trinken.«

»In Ordnung, Michael, gehen wir«, antwortete ich.

Das Restaurant lag einen Häuserblock entfernt. Wir gingen langsam und schweigend dorthin. Uns war nach stillem Nachdenken zumute. Als wir an der Bank vorbeikamen, bei der sein Vater früher gearbeitet hatte, dachte ich an die glücklicheren Zeiten, als meine Freundschaft zu Mr. Gardner sich gerade entwickelte, und ich dachte darüber nach, wie ich jetzt seinen Schmerz über seinen Sohn mit ihm teilte.

Als wir im Restaurant ankamen, bestellte Michael etwas zu trinken, und ich bestellte mir eine Suppe. Michael konnte nur noch Flüssigkeiten zu sich nehmen. Bestellte ich mir Suppe, um ihn nicht damit zu konfrontieren, daß ich feste Nahrung essen konnte, oder hatte ich Schwierigkeiten zu schlucken? Vielleicht traf beides zu.

Michael plauderte ganz ungezwungen mit mir und erzählte erneut, wie wenig es ihm behage, daß jedermann ihn zwingen wolle, zu essen und sich zu bewegen. Er war aus eigenem Antrieb mit mir in das Restaurant gegangen, ich war offenbar der einzige, der ihn nicht aufforderte, zu essen oder sich zu bewegen. Ich fragte mich, warum niemand in der Lage zu sein schien, ihn in Ruhe zu lassen. Jedermann schien von dem Bedürfnis getrieben, ihn zu einem möglichst normalen Leben zu ermutigen. Aber er war dem Tod nahe. Vielleicht war es das Beste, das zu akzeptieren und der Versuchung zu widerstehen, den Anschein der Normalität aufrechtzuerhalten. Für Michael war wohl das Sterben die »normale« Aktivität.

Die Uhr an der Wand des Restaurants zeigte, daß unsere übliche Sitzungszeit längst vorüber war. Das war bezeichnend, denn ich wollte so gern mit ihm die Zeit überziehen.

Wir gingen langsam zurück zu meiner Praxis, wo seine Mutter im Wagen auf ihn wartete. Er sagte, daß wir uns in zwei Tagen wiedersehen würden. Als wir uns verabschiedet hatten und ich mich von ihm abwandte, fragte ich mich, ob das wirklich passieren würde. Er kam nie wieder in meine Praxis.

Am nächsten Tag erhielt ich einen Telefonanruf von Mrs. Gardner. Sie war sehr aufgeregt und sagte, Michael sei ins St.-Augustin-Krankenhaus eingeliefert worden. Er könne nichts mehr essen, und die Ärzte waren der Ansicht, dies und sein insgesamt geschwächter Zustand ließen es sinnvoll erscheinen, ihn ins Krankenhaus zu bringen.

Am Abend kamen die Gardners in meine Praxis. Sie sprachen von dem Ende, das rasch näher rückte. Beide waren sehr niedergedrückt und hatten Tränen in den Augen. Mrs. Gardner erzählte mir, ausführlicher als Michael, von dem Vorfall anläßlich eines Schulausflugs mit den Kindern zur Pionierkirche St.-Margaret-in-the-Pines. Als sie über den Friedhof wanderten, hatte Michael sich plötzlich zu seiner Mutter umgewandt und sie gefragt: »Würdest du gerne hier begraben werden?« Als sie dies bejahte, hatte er ihr zugestimmt: »Ich auch!«

Jetzt wurde die Geschichte, die Michael mir vor so vielen Monaten erzählt hatte, von seinen Eltern bestätigt. Michaels Mutter berichtete außerdem, daß Michael schon vor dem Besuch von St.-Margaret-in-the Pines begonnen habe, sich »vorzubereiten«. Eines Tages hatte er gemeint: »Wir sollten uns einen Platz aussuchen, an dem wir begraben werden wollen.« Zu jener Zeit hatten Michaels Eltern darüber gesprochen, daß

Michael offenbar seine Situation akzeptiert hatte. Obwohl Michael selbst in der Lage war, dem Tod ins Auge zu schauen, waren sie es jedoch nicht gewesen. Jetzt blieb ihnen keine andere Wahl. Mit ruhiger Stimme beschrieb Mrs. Gardner den Platz, den sich Michael ausgesucht hatte, etwa so, wie er es seinerzeit getan hatte. Es war eine hübsche Stelle unter einer sehr, sehr alten Pappel.

Unser Gespräch an diesem Tag war sehr traurig. Mrs. Gardner hatte das Gefühl, egoistisch zu sein, denn obwohl sie wußte, daß Michael sterben mußte, konnte sie ihn nicht gehen lassen. Mr. Gardner sprach immer wieder davon, daß *dies Michael nicht widerfahren dürfe*. Es hätte ihm selbst widerfahren sollen. Er war älter, er hatte lange genug gelebt. »Warum? Warum Michael?« Diese Frage hatte ihn von Anfang an gequält und würde es auch weiter tun.

Warum ich? — Warum jetzt?

Als ich an diesem Abend ins St.-Augustin-Hospital fuhr, dachte ich darüber nach, daß alle Patienten dort an bösartigen Wucherungen litten. Das St.-Augustin-Hospital ist eines der bestausgerüsteten der Welt, was die medizinische und psychische Versorgung von Krebspatienten betrifft. Vielen, die jetzt dort waren, würde es bald besser gehen, aber noch mehr würden sterben. An jenem Dezemberabend lenkte die Stadt um mich herum mich ab von der Begegnung, die vor mir lag, und zugleich schien sie mich direkt dorthin zu lenken.

Die Natur bereitete sich auf den Beginn des Winters vor. Alles ringsum war von frischgefallenem Schnee bedeckt. Das dichte Gras, die herrlichen Blumen des Sommers und die vielen verschiedenen Farben des Herbstes waren dahin! Verschwunden — tot.

»Aber«, so dachte ich, »unter dieser weißen Decke wirkt die Natur, und selbst jetzt bereitet sie sich auf den Frühling vor, wenn alles von neuem beginnt«. Dies war die Jahreszeit, in der bei uns die Tage kurz und die Nächte lang sind, während auf der südlichen Hemisphäre Sommer war, mit langen Tagen und kurzen Nächten, mit grünem Gras, blühenden Blumen und hellem Sonnenschein.

Alle, die mit Michael in Verbindung standen, bereiteten sich auf ihre Weise auf seinen Tod vor. Ich konnte nicht umhin, mich zu fragen, ob irgendwo, in einer anderen Welt oder in einer anderen Lebensform, die über unser Verständnis hinausgeht, Vorbereitungen getroffen wurden für eine neue Jahreszeit für Michael. Ich war nicht sicher, ob ich traurig war, weil sich Michael auf eine weite Reise vorbereitete, oder um meinetwillen und um Michaels Eltern, Brüder und Freunde willen, die hierbleiben und den Verlust seiner Gegenwart erleiden mußten. Hier starb er, aber wurde er in einer neuen Welt, von der wir nichts wußten, vielleicht jemand anderem geboren?

Mit diesen schweren Gedanken betrat ich das Krankenhaus und machte mich auf den Weg zum Schwesternzimmer. Auf Michaels Station liefen viele kleine Kinder umher. Ich nahm an, daß die meisten von ihnen ähnliche Probleme hatten wie Michael und daß ihre Familien ebenso litten wie die Gardners. Aber nach dem Klang der Kinderstimmen, nach ihrem Gelächter und ihren Aktivitäten, wäre man nie darauf gekommen, daß die meisten von ihnen schwere Krankheiten hatten und daß einige von ihnen innerhalb kurzer Zeit sterben würden. Andere würden vorläufig noch verschont bleiben, und wieder andere dank des Schicksals und des medizinischen Fortschritts den Weg in eine mehr oder minder normale Existenz zurückfinden. Aber im Augenblick schien jedes dieser Kinder mit der Situation aufs Bestmögliche fertigzuwerden, indem es lebte und sich der Zeit freute, die ihm noch geblieben war.

Bei meinem Anblick lächelte Michael, schlurfte auf mich zu und flüsterte, er wollte mit mir in eines der Besucherzimmer gehen. Ernst und mit fester Stimme sprach er, er wolle mit mir über eine Reihe wichtiger Dinge sprechen und ich solle mich setzen. Als wir nebeneinander saßen, starrte er mich durchdringend an und schien nicht zu wissen, wie er beginnen sollte.

Ich wartete und sagte dann schließlich: »Was wolltest du mir erzählen, Michael? Es muß sehr wichtig sein, weil es dir so schwerfällt, es auszusprechen!«

»Ich habe über meinen Zustand nachgedacht, und warum er

sich zum Schlechten gewendet hat«, platzte er heraus. Er sprach rasch und machte kaum eine Atempause. »Vor einigen Jahren habe ich aufgehört, an Gott zu glauben. Ich fing an zu glauben, daß für alles, was auf der Erde geschieht, die Macht des Atoms verantwortlich ist, daß das Leben von der Wissenschaft völlig erklärt werden kann und nichts mit irgendeiner anderen Macht zu tun hat. Ich dachte, daß es heuchlerisch wäre, zur Kirche zu gehen. Ich bin nur hingegangen, um meine Mutter glücklich zu machen. Ich glaube, ich habe einen Fehler gemacht und werde jetzt für all diese Gedanken bestraft. Gott bestraft mich, weil ich ihn im Stich gelassen habe«, Michael stoppte so abrupt, wie er begonnen hatte und senkte den Kopf.

Fast automatisch erwiderte ich: »Michael, was mit dir geschieht, ist keine Bestrafung. Es ist nicht die Folge von etwas, das du oder irgend jemand sonst falsch gemacht hat.«

Er wollte davon nichts hören, sondern weitersprechen und gab mir zu verstehen, daß ich einen Fehler gemacht hatte, als ich ihn unterbrechen wollte. Wieder einmal lernte ich etwas von ihm — meinen und seinen Gefühlen von Hilflosigkeit nicht nachzugeben. Er brauchte keinen Trost, er hatte sich schon für den Weg der Tat entschieden.

»Woher weißt du das?« fragte er mit herausfordernder Stimme. »Ich glaube nicht, daß du das sagen kannst. Ich will mit dem Pfarrer sprechen. Über seinen Glauben an Gott. Ich will ihm erzählen, was ich getan habe, und ich bin sicher, daß er mir helfen kann, mit Gott wieder ins Reine zu kommen.«

Wir saßen beide eine Weile schweigend da, und ich erkannte, daß sein Wunsch richtig war. Er suchte nach einem Weg, wiedergutzumachen, was er seinem Gefühl nach falsch gemacht hatte. Er wollte nicht einfach dasitzen und sich mit den Dingen abfinden; er suchte sich einen weiteren Spezialisten, jemanden, der ihm auf einem neuen Gebiet helfen konnte. Er schien sich zu fragen, ob der Pfarrer und ich ihm gemeinsam in unseren jeweiligen Fachgebieten helfen konnten, oder ob unsere Ratschläge einander widersprechen würden.

Er brach das Schweigen mit der Frage: »Ob ich dich wohl bitten kann, Kontakt zu dem Pfarrer aufzunehmen, oder sollen ihn besser meine Eltern aufsuchen? Vielleicht kann ich mich auch selbst an ihn wenden?«

»Was glaubst du denn, was am besten wäre, Michael? Was würde dir am meisten helfen?« fragte ich ihn.

»Wirst du es für mich tun?« fragte er.

»Wenn du das willst, Michael, dann will ich sehen, was ich erreichen kann.«

Ich fragte mich, ob er mich vielleicht testete, um festzustellen, ob ich ihn bei diesem neuen Unternehmen unterstützte oder ob ich mich in einem Konkurrenzverhältnis zu dem Geistlichen sah. Vielleicht hatte er meine Versicherung, daß man niemandem die Schuld geben könne, so verstanden, als ob ich ihm sagen wollte, es gebe keinen Grund, einen Geistlichen hinzuzuziehen. Möglicherweise hatte er auch meiner Beteuerung geglaubt, daß Geistliche es nur mit Gut und Böse zu tun haben, nicht mit Bestrafung und Vergeltung. Wenn in meiner Stimme irgendwelche Zweifel gelegen hatten, dann nicht weil ich Michael als Besitz betrachtete und nicht wollte, daß er sich mit einem Geistlichen traf, sondern weil ich Angst hatte, er könnte auf einen Geistlichen treffen, der seine Schuldgefühle unterstützte und so den Gedanken bestätigte, daß seine Krankheit eine Bestrafung für seine Abwendung von Gott darstellte.

»Weißt du, eigentlich brauche ich weder dich noch meine Eltern dafür. Ich möchte gerne selbst mit dem Geistlichen sprechen und selbst eine Verabredung treffen«, beschloß Michael. Als wäre er zu einem Entschluß gekommen, über den er in aller Ruhe nachdenken wollte, sagte er dann: »Ich bin müde. Ich möchte jetzt allein sein und ins Bett gehen.« Als ich mich zum Gehen wandte, fügte er hinzu: »Ich hoffe, es macht dir nichts aus, jetzt zu gehen. Und du kommst ganz bestimmt zu unserer nächsten Sitzung wieder, nicht wahr?«

»Ich komme ganz sicher wieder, Michael«, sagte ich, wobei mir auffiel, daß Michael in letzter Zeit nie eine Sitzung beendete, ohne eine Verabredung für die nächste zu treffen. Das war wohl seine Art, sich auf unsere immer näherrückende letzte Trennung vorzubereiten. Während ich über den Krankenhausflur ging, fragte ich mich, ob er wohl mit unserer Trennung allein fertig werden wollte oder ob er darauf wartete, daß ich dieses Thema ansprach.

Als ich ihn drei Tage später wiedersah, hatte ihm der Pfarrer der Familie bereits einen Besuch abgestattet. Die Gardners hatten mir schon erzählt, daß er ein ganz besonderer Mensch war, der ihnen schon früher sehr geholfen hatte. Michael bestätigte diese Wertschätzung, als er von dem Besuch des Geistlichen erzählte und davon, daß sie miteinander gesprochen hatten und sich wieder treffen würden. Nachdem wir eine Weile miteinander geredet hatten, platzte er plötzlich heraus: »Ich scheine etwas Neues gefunden zu haben, für das ich mich schuldig fühlen könnte. Nach all den Jahren, in denen wir über alles mögliche geredet haben, frage ich mich jetzt, ob du eifersüchtig und wütend auf mich bist, weil ich mit jemand anderem über meine Probleme rede.«

Da ich inzwischen gelernt hatte, daß es keinen Wert hatte, Michael direkt zu bestätigen, fragte ich, was er denn über diese Schuldgefühle dachte. Er überlegte eine Weile und sagte dann, daß es einiges gäbe, worüber er mit einem Pfarrer reden wolle, während es anderes gab, worüber er mit mir reden müsse.

»Das finde ich völlig richtig so, Michael«, antwortete ich.

Er belohnte mich mit einem Lächeln, einer Mischung aus Erleichterung und Siegesgefühl. Auf diesen Vertrauensbeweis folgte sogleich ein weiterer. Er wollte mir ein Geheimnis erzählen, das für ihn sehr wichtig war, und begann langsam und mit stockender Stimme. Aber als er merkte, daß ich ihm aufmerksam zuhörte, machte er sein Bekenntnis in einem stetig fließenden Strom von Worten. Es war klar, daß es sich um etwas handelte, worüber er lange Zeit nachgedacht hatte. Die Entscheidung, mir davon zu erzählen, war nicht rasch getroffen worden.

»Ich habe sehr große Angst, daß ich in einen besonderen Raum dieser Abteilung verlegt werde. Ich will dir von diesem Raum erzählen. Die anderen Kinder hier nennen ihn ›das Totenzimmer‹. Ich will niemals in dieses Zimmer gebracht werden. Ich will nicht dorthin gelegt werden. Mehr gibt es nicht dazu zu sagen.«

»Kannst du mir dieses Zimmer zeigen?« fragte ich. »Gibt es wirklich einen solchen Raum, oder sagen das die anderen Kinder nur, um dir Angst zu machen?«

»Doch, es gibt einen Totenraum, und alle Kinder wissen davon und sprechen darüber«, sagte er mir in einem Ton, der keinen Zweifel daran ließ, daß zumindest er daran glaubte.

»Wie sieht das Zimmer denn aus?« fragte ich.

»Ich weiß nicht, wie es innen aussieht, aber es ist der Raum in der Nähe des Schwesternzimmers. Da kommen die Kinder hin, wenn sie sehr krank sind. Wenn sie herauskommen, dann sind ihre Köpfe immer zugedeckt, und daher wissen wir, daß sie tot sind.«

»Ich will mit den Leuten hier reden, damit ganz sicher ist, daß du nicht in diesen Raum kommst«, versicherte ich Michael.

Als ich die diensthabende Schwester fragte, ob das Krankenhauspersonal die Gefühle der Kinder in Bezug auf den Raum neben dem Schwesternzimmer kannte, hörte ich, daß niemand eine Ahnung von dieser Furcht der Kinder hatte. Sie beeilte sich hinzuzufügen, daß sie jeden auf die Gefühle der Kinder aufmerksam machen wolle.

Das ist ein weiteres Beispiel dafür, wie sensibel und scharf sichtig Patienten im allgemeinen und Kinder im besonderen sind. Patienten beobachten genau, was die Leute tun und wie sie auf ihre Krankheit reagieren. Dieses Krankenhaus war speziell ausgestattet für Krebspatienten und das Personal war besonders ausgebildet und ausgesprochen einfühlsam gegenüber den physischen und psychischen Bedürfnissen solcher Patienten. Gleichwohl wurden viele Vorgehensweisen von den Kindern völlig anders beurteilt als vom Personal. Als die Schwester die Benutzung des betreffenden Raumes erklärte, hatte ich allen Respekt vor den kindlichen Patienten. Ihre Schlußfolgerungen waren offensichtlich und unleugbar korrekt und dennoch so leicht zu übersehen, wenn man sich nicht bemühte, die Sache aus der Perspektive der Kinder zu betrachten.

Der Raum erwies sich als einer der »ruhigen Räume«. Hier konnten schwerkranke Patienten allein seien, fern von der allgemeinen Unruhe auf der Station, aber doch in der Nähe von Schwestern und Ärzten. Hier durften die Kinder in Ruhe ihre letzten Tage verbringen. Allerdings hatte das Zimmer eine relativ sterile Atmosphäre, die die Kinder nicht mochten. Hier lagen sie dann und waren gezwungen, ihrem Tod allein und daher noch direkter ins Auge zu schauen. Was die Kinder wollten und was auch Michael mir sagte, war, daß in ihren letzten Stunden das Leben um sie herum weiterging. Sie wollten nicht als Tote behandelt werden, bevor sie tatsächlich starben.

Bei diesem Treffen erzählte mir Michael auch, daß er wütend auf die Leute im Krankenhaus war. Er wollte weder in »das Totenzimmer« verlegt werden, noch überhaupt im Krankenhaus bleiben.

»Niemand tut etwas für mich. Ich will nach Hause, wo ich mit meiner Familie zusammmen sein kann.« Michael beharrte darauf, und ich fühlte, daß er recht hatte.

Als wir uns das nächste Mal trafen, brachte Michael die Sache wieder zur Sprache und war sehr wütend auf mich. »Es scheint, daß du mir auch nicht helfen kannst. Ich hab' es dir gesagt, ich hab' es den Schwestern gesagt, und ich hab' es meinen Eltern gesagt. Ich will nach Hause.«

»Ich kann dir das nicht verdenken, Michael. Ich nehme an, du hast das Gefühl, daß du sowieso bald von allen weit weg sein wirst. Du möchtest jetzt mit ihnen so viel Zeit wie möglich verbringen.« Als ich ihm das sagte, füllten sich seine Augen mit Tränen, er wendete den Kopf ab und saß schweigend da. Ich beugte mich zu ihm und legte meine Hand auf seine. »Das ist wirklich hart, Michael, nicht wahr?« wagte ich einzuwerfen. Er nickte zustimmend und versuchte, die Tränen zurückzuhalten.

»Es ist ganz in Ordnung, wenn du weinst, Michael. Ich bin sicher, daß du dich dann besser fühlst.«

Michael schüttelte wortlos den Kopf und biß die Zähne zusammen. Wir saßen einige Minuten lang da, die mir wie eine Ewigkeit erschienen.

»Ich will nach Hause. Ich will Weihnachten zu Hause sein. Das ist bald.«

»Ich verspreche dir, daß ich mit deiner Mutti und deinem Vati darüber reden werde, und wir werden tun, was wir können, damit wir dich Weihnachten zu Hause haben.«

Bei meinem nächsten Besuch erzählte er mir von einem Traum, den er in der Nacht zuvor gehabt hatte. Vorher teilte er mir noch mit, daß er ihn schon zwei- oder dreimal geträumt hatte. Dieser Traum war zuerst ungefähr zu der Zeit aufgetaucht, als wir über seine Entscheidung sprachen, sich mit einem Pfarrer zu treffen.

»Ich träumte, ich wäre in eine tiefe, tiefe Grube gefallen und versuchte, wieder herauszuklettern. Ich hatte den größten Teil der Strecke nach oben geschafft und gerade den Rand erreicht, als ich sah, daß du dich darüber beugtest und mir zuriefest, herauszukommen. Ich krallte mich in die Wände und schaffte es nach oben, doch als du die Hand nach mir ausstrecktest, berührten unsere Finger einander, aber du konntest mich nicht halten. Deine Hände ließen mich jedesmal wieder los, und ich fiel den ganzen Weg zurück in die Grube. Ein anderes Mal erreichte ich fast den Rand, doch anstatt daß du da warst, war da ein Polizist. Dieser Bursche warf mir alles vor, was ich je an Bösem getan hatte, oder schrie dich an und ließ dich nicht an mich herankommen. Er ließ nicht zu, daß du mir da heraushalfst. Wirklich wütend hat mich gemacht, daß du zu feige warst, gegen den Polizisten zu kämpfen. Die meiste Zeit warst du so damit beschäftigt, mit ihm zu reden, daß du nicht genug aufgepaßt hast, um mir herauszuhelfen. Der Polizist schien dich mehr zu interessieren als ich.«

Als wir über den Traum sprachen, wies ich Michael darauf hin, wie hart es für ihn sein mußte, sich damit abzufinden, daß ich nicht mächtig genug war, um ihm zu helfen. Ich war nicht in der Lage, »ihn zu halten«, ich konnte ihm bei seinem verzweifelten Kampf gegen seine Krankheit nicht helfen.

»Was die Sache für mich wirklich schwer macht, ist, daß ich im Traum sehr wütend auf dich bin und daß es dann sehr schwierig für mich ist, dir das zu sagen. Vermutlich, weil ich weiß, daß du mein Freund bist und versucht hast, mir zu helfen.«

»Das ist wie bei den widerstreitenden Gefühlen, über die wir vor langer Zeit einmal geredet haben, Michael«, erinnerte ich ihn.

»Das war, als wir über meine Eltern und meine Operation sprachen.« Michael stellte für mich die Verbindung her. »Wir alle müssen in der Lage sein, mit widerstreitenden Gefühlen in uns zu leben!« machte Michael mich nach, aber zugleich war er auch sehr ernst.

Wir gaben beide zu, daß das nicht leicht war. Michael fuhr dann in der Erklärung des Traums fort.

»Der Polizist stellt wohl die Pfarrer und Gott dar. Ich habe vor beiden Angst. Ich habe gefürchtet, daß sie wütend auf mich sind, weil ich mich von der Kirche abgewendet habe. Deshalb muß ich in der Grube bleiben.«

Mir fiel auf, wie bemerkenswert nahe das an die biblische Geschichte vom Garten Eden kam. Für ihre Sünde — vom Baum der Erkenntnis gegessen zu haben — wurden Adam und Eva aus dem Garten vertrieben und damit wurden alle Menschen eines Lebens voller Freude und ohne Angst beraubt. Michael hatte das Gefühl, aus dem Leben verbannt worden zu sein, weil er sich zur Erklärung seiner Existenz und seiner Krankheit wissenschaftlichen Begründungen zugewandt hatte. Wie konnte er, der so viel erleiden mußte, glauben, daß es Vergebung gibt in dieser Welt?

Michael unterbrach meine Reflexionen über die Bibel: »Ich habe mich aber wirklich sehr viel besser gefühlt, nachdem ich nicht bestraft werden würde und daß ich auch jetzt nicht dafür bestraft werde, mich an der Wissenschaft und nicht an der Religion orientiert zu haben.«

Wie es schien, brachten die Begegnungen mit dem Geistlichen Michael zu der Auffassung, daß er niemals wirklich aus der Kirche ausgebrochen war, sondern sein Leben wie ein guter Christ gelebt hatte.

Weil es ihm gerade einfiel, vielleicht auch, weil er nicht wollte, daß ich eifersüchtig war auf den Geistlichen, belohnte mich Michael noch mit der Anmerkung:

»Aber selbst wenn ich vielleicht wütend auf dich bin, weil du mir nicht aus der Grube und nicht helfen kannst, wieder gesund zu werden — ich weiß trotzdem, daß du mir eine Menge geholfen hast. Du hast mir geholfen, das Schiff zu heben, und das war wirklich schwere Arbeit. Zu schade, daß wir es nicht geschafft haben, ganz zurück in den Heimathafen zu kommen.«

Als ob er die Therapie einer eingehenden Betrachtung unterziehen wollte, erzählte er mir, daß er eine Menge Dinge geschafft habe, über die er sehr glücklich sei. Er sprach davon, wieviel er in den letzten Jahren erreicht hatte, einschließlich seiner Erfolge in der Schule, die ihm so viel Freude gemacht hatten. Dennoch gab er ehrlich zu: »Ich bin wütend auf dich, daß du mich nicht wieder ›ganz‹ machen kannst. In dieser Beziehung bist du wie alle anderen Ärzte, die mir immer nur ein bißchen helfen konnten, aber die mich nicht wieder ›ganz machen‹ konnten.«

Ich widerstand der Versuchung, ihn daran zu erinnern, daß wir uns schon in unserer ersten Sitzung darüber einig gewesen waren, daß das Schiff nie wieder wie neu sein würde. Wir wußten schon damals, daß er nie wieder »ganz« sein würde und — was noch schlimmer war — daß es möglicherweise sank und für immer auf dem Meeresboden blieb. Wir wußten, daß unsere schlimmsten Befürchtungen sich jetzt bewahrheitet hatten und daß jeder auf seine Weise darunter zu leiden hatte. Michael bezahlte den höchsten Preis. Er mußte mit seinem Schmerz heute oder morgen fertigwerden. Meine eigenen Kämpfe lagen erst in den kommenden Jahren.

Michael wendete sich zu mir und verkündete triumphierend: »Weißt du, wenn ich sterbe, dann zu einer Zeit, wo du nicht hier oder in meiner Nähe bist. Ich werde allein sterben oder bei meiner Familie.«

»Dafür mußt du doch einen guten Grund haben, Michael. Den möchte ich gerne hören, wenn es dir nichts ausmacht, mit mir darüber zu reden.«

»Das ist die Strafe dafür, daß du mich nicht von meiner Krankheit heilen konntest«, verkündete er im Ton eines Obersten Richters.

Schweigend dachte ich über andere mögliche Gründe für diese Bemerkung nach, und obgleich mich Michaels Schuldspruch sehr schmerzte, fühlte ich mich zugleich ermutigt. Er war immer noch sehr stark bemüht, die Kontrolle zu behalten, und dieser Satz zeigte, wie hervorragend er das schaffte. Er sagte mir damit, daß ich für ihn eine Art Krücke gewesen war. Wenn man sie richtig benutzt, wird die Krücke schließlich beiseite gelegt, damit alles wieder seinen normalen Gang gehen kann. Er hatte sich entschieden, bei seinem Tod nur seine Familie in seiner Nähe zu haben. Seinen Eltern war er durch die Geburt gegeben worden, und durch den Tod würde er ihnen genommen werden, was beides außerhalb seiner Kontrolle lag. Und für dieses letzte Ritual seines Lebens bedurfte er keines Vermittlers; er brauchte mich nicht länger als Therapeuten. Von mir würde er sich zuerst trennen, von seiner Familie zuletzt.

Wieder hatte Michael entschieden, daß er nicht einfach passiv stehen und warten wollte, da ihn der Tod holte. Er wollte sich nicht von ihm überraschen lassen, sondern aktiv an seinem Tod teilnehmen. Nicht in destruktiver Weise, sondern als einer, der die Oberaufsicht hat. *Er* war derjenige, der darüber entschied, wer dabei sein sollte, wenn er starb.

»Du hast überhaupt nichts getan, damit ich aus dem Krankenhaus komme. Wann werden Mutti und Vati und du dafür sorgen?« fragte Michael mahnend.

»Wir versuchen es, Michael, und man hat mir erzählt, daß du Weihnachten auf jeden Fall nach Hause kannst.«

»Jetzt bin ich jedenfalls müde. Wir sehen uns in ein paar Tagen, nicht wahr?« verabschiedete er mich.

Vor meinem nächsten Besuch rief Mrs. Gardner an, um mir zu erzählen, daß Michael ganz gelbsüchtig aussehe und daß sich die Familie große Sorgen um ihn mache. Als ich ins Krankenhaus ging, traf ich die Gardners auf dem Korridor. Sie erzählten mir, Michael sei in ein anderes Zimmer verlegt worden und wirke sehr niedergeschlagen. Als ich den Raum betrat, war ich entsetzt, wie sehr sich sein Zustand in wenigen Tagen verschlechtert hatte. Er sah ganz gelb aus und wollte nicht mit mir reden. Ich setzte mich neben ihn und schwieg ebenfalls.

Plötzlich kam mir ein schrecklicher Gedanke. Wie hatte ich das nur übersehen können? Das neue Privatzimmer, in dem Michael lag, war tatsächlich das gefürchtete »Todeszimmer«! Ich war schockiert, daß man ihn in diesen Raum gelegt hatte, obgleich die negativen Vorstellungen der Kinder, die sich mit diesem Raum verbanden, bekannt waren. Wir hatten uns ohne Nachdenken der normalen Krankenhausroutine gefügt und aus medizinischer Sicht waren wohl auch die richtigen Maßnahmen ergriffen worden. Aber wir hatten, zumindest zeitweilig, eines vergessen — Michael.

»Michael, gerade ist mir klar geworden, daß dies hier das ›Todeszimmer‹ ist.«

»Ja. Du konntest das nicht verhindern, nicht wahr«, warf er mir vor. »Du hast mir versprochen, daß ich nie hierher kommen würde, und ich vermute, daß du mir jetzt versprechen wirst, mich hier rauszuholen.« Seine Stimme, die kaum lauter war als ein Wispern, wirkte gleichwohl wie das Brüllen eines Löwen.

Wir saßen schweigend da.

»Du wirst überhaupt nichts machen können. Und auch niemand sonst wird etwas erreichen. Du wirst es nicht einmal schaffen, daß ich Weihnachten zu Hause bin«, tadelte er mich.

»Ich verspreche dir, Michael, deine Eltern und ich werden unser Bestes versuchen und mit den richtigen Leuten sprechen, damit du morgen oder übermorgen nach Hause kannst.« Ich saß noch ein paar Minuten schweigend neben ihm. Dann schlief er ein. Er war ganz offensichtlich erschöpft und wollte nicht länger mit mir sprechen. Michaels Krankheit, daran wurde ich wieder einmal erinnert, war dabei, uns zu überholen. Ich fühlte mich von der medizinischen Wissenschaft betrogen, die es nicht geschafft hatte, ihn bei Gesundheit zu halten, betrogen aber auch von meinen optimistischen Hoffnungen, die mich jetzt endgültig im Stich ließen. Ich war verzweifelt, daß ich Michael nicht davon abhalten konnte, aufzugeben und wünschte mir so sehnlich, daß er durchhielt. Das war unser letztes Treffen im Krankenhaus.

Die letzten Tage

Am nächsten Tag wurden die Vorbereitungen für Michaels Heimkehr getroffen. Wir fanden heraus, daß man ihn in »das ruhige Zimmer« gelegt hatte, weil der Verdacht auf ansteckende Gelbsucht bestand. Tests hatten gezeigt, daß das nicht der Fall war, und sein Aussehen schien sich zu bessern.

Auf dem Weg zu Michaels Zuhause rasten meine Gedanken hin und her, als ob ich der Gegenwart aus dem Weg gehen wollte, wenn ich mich in Gedanken zwischen Vergangenheit und Zukunft bewegte. Wo ich hinsah, erblickte ich eifrige Weihnachtsvorbereitungen. Die Straßen waren mit farbigen Lichtern geschmückt, die Leute waren festlich gestimmt. Die Läden steckten voller Kauflustiger, und in den Häusern schmückten die Familien ihre Weihnachtsbäume.

Als ich bei den Gardners ankam, sah ich, daß auch hier Weihnachtsvorbereitungen getroffen wurden. Sie wirkten wie ein tapferer Versuch, die düstere Stimmung ein wenig aufzuheitern.

Der Baum war bunt dekoriert, und darunter waren Geschenke aufgehäuft. Mrs. Gardner hatte gekocht, und die Küchendüfte regten meinen Appetit an.

Die Atmosphäre im Wohnzimmer ließ ihn wieder vergehen. Michael lag zugedeckt auf der Couch. Mr. Gardner, Mrs. Gardner und seine Brüder gingen aus und ein. Ihre gespielte Lustigkeit konnte ihren Schmerz nicht verbergen. Sie versuchten, weihnachtliche Stimmung an den Tag zu legen, aber der Tod warf schon seine Schatten.

Michael brachte ein schwaches Lächeln zustande, als ich zu ihm trat.

»Ich bin so glücklich, daß ich zu Hause bin, aber ich fühle mich so müde«, sagte er leise.

Einige Minuten vergingen, in denen keiner von uns sprach. Dann sagte er: »Mir ist nicht nach Sprechen zumute. Macht dir das was aus? Ich will mich nur an der Weihnachtsstimmung freuen.«

Etwa zehn Minuten lang saß ich bei ihm und betrachtete ihn. Gelegentlich schlief er ein, dann schreckte er wieder hoch. Ich fragte mich, ob er Angst hatte zu träumen oder ob er fürchtete, er könne mitten in den Weihnachtsvorbereitungen sterben.

In den folgenden Wochen gab es mehrere solcher Besuche. Wir schwiegen viel, und die Besuche waren relativ kurz.

Ich benutzte diese Gelegenheiten, um mit den Gardners zu sprechen. Durch sie erfuhr ich, daß er immer noch Michael war. Oft dachte ich daran, wie er mir versichert hatte: »Ich werde mit dir niemals über das Sterben sprechen. Ich werde einfach leben, so lange ich kann, und so viel tun, wie ich kann. Es ist dumm, ans Sterben zu denken, denn dann kann man nichts erreichen, solange man noch lebt.«

Mrs. Gardner erzählte mir, daß Michael sie gebeten hatte, am Weihnachtstag alle Gerichte zu kochen, die er früher am liebsten gehabt hatte. Aber als es soweit war, konnte er überhaupt nichts essen. Er wollte bloß auf dem Sofa liegen. Später, als Mrs. Gardner sich neben ihn setzte, erzählte er ihr, wie schrecklich er sich gefühlt habe, weil er nicht in der Lage gewesen sei, mit den anderen bei Tisch zu sitzen. Als sie ihn an diesem Abend ins Bett trug, vertraute er ihr an, er habe zu Gott gebetet, daß er keine Weihnachtsgeschenke wolle. Er wünsche sich nur, daß es ihm besser gehe. Seine Mutter sagte ihm, auch sie habe darum gebetet, daß er gesund würde.

Wenn Michael mit seinem Vater zusammen war, verbrachten sie diese Zeit immer öfter schweigend. Gelegentlich sprachen sie über Dinge, die sie früher gern gemacht hatten, aber hauptsächlich wollte Michael einfach mit ihm zusammen sein. Es schien, daß Michael nach und nach von jedem auf besondere Weise Abschied nahm. Ich war einer der ersten aus seiner engeren Umgebung, der gehen mußte. Sein Vater einer der letzten.

In seinen letzten Tagen drehte sich Michaels Leben ausschließlich um seine Mutter. Sie war der erste Mensch, den er auf dieser Welt gekannt hatte; sie würde der letzte sein, von dem er sich trennte. So wie er mich als Vermittler benutzt hatte, um mit seinem Sterben fertigzuwerden, so schien er seine Mutter zu benutzen, um zu Gott oder wem immer in dieser neuen Welt zurückzukehren.

Er sagte, daß er über Gott reden wolle und erzählte seiner Mutter von einem Bischof, der in der Sonntagschule gepredigt hatte. Dieser Bischof hatte behauptet, Sterben bedeute, von einem Raum eines Hauses in einen anderen Raum gebracht zu werden. Das hatte Michael sehr beeindruckt, und in den letzten Tagen sprach er darüber ausführlich mit seiner Mutter. Er teilte ihr mit, daß er sich nach solchen Gesprächen über Gott immer besser fühle. In dieser Zeit las sie ihm einmal den 23. Psalm vor und von da an bis zu seinem Tod täglich einen Abschnitt aus der Bibel. Michael bestand darauf, daß das ihr Geheimnis bleiben sollte, und so erfuhr ich erst viele Jahre später von diesem Aspekt seines Abschieds vom Leben.

Michael hatte sich noch auf andere Weise auf seinen Tod vorbereitet. Ein paar Tage, bevor er das Krankenhaus verließ, nahm er an einer Unterrichtsstunde in der Krankenabteilung teil. Dabei brach er plötzlich zusammen. Alle glaubten, er sei gestorben. Er erschreckte alle und wurde später von der Schwester gescholten, denn er hatte das tatsächlich mit Absicht gemacht. Allerdings nicht aus Übermut, sondern zu Forschungszwecken. Obgleich er mir nie von diesem Vorfall erzählte, bin ich sicher, daß er auf diese Weise herausfinden wollte, was unmittelbar nach seinem Tod passieren würde.

Viel später erfuhr ich auch, daß Gott nicht das einzige nichtüberirdische Wesen war, das diese letzten Wochen mit ihm teilte. Er hatte eine immer wiederkehrende Halluzination von einem Mann, der seine Mutter begleitete, wenn sie in sein Zimmer kam. Obgleich seine Gespräche mit Mrs. Gardner logisch und vernünftig verliefen und keinerlei Anzeichen geistiger Verwirrung verrieten, sah er dennoch seine Mutter in den letzten Tagen stets mit diesem »fremden Mann«. Und er beschuldigte diesen, ihm wehtun zu wollen, und beklagte sich über einen Schmerz in seiner Seite, wo »dieser Mann mir wehgetan hat«.

Ich dachte über Michaels Traumgestalt nach. Meinem Gefühl nach hatte diese Gestalt etwas mit Michaels Vorstellung davon zu tun, warum er krank geworden war und sterben mußte. Vielleicht verkörperte diese Figur die Krankheit selbst, die gekommen war, um ihn von dieser Welt zu holen. Sie kann aber auch jemand gewesen sein, der gerade ihn wollte und ihm die Krankheit gebracht hatte, damit Michaels Tod sie beide vereinen würde.

Kurz nach Anbruch des Neuen Jahres teilte ich Michael mit, daß ich gegen Ende des Monats einen einwöchigen Urlaub machen wolle. Ich würde für ein paar Tage wegfahren, und das würde bedeuten, daß ich zwei unserer Termine versäumen mußte. Ich versprach ihm, eine Telefonnummer zu hinterlassen, unter der ich zu erreichen war. Michael weigerte sich, weiter darüber zu sprechen. Er sagte nur, es sei völlig in Ordnung, denn er habe wirklich nicht viel mit mir zu bereden und wolle lieber alleingelassen werden.

Am Tag bevor ich fuhr, saß ich noch für eine kurze Weile bei ihm. Wir schwiegen, und als ich bemerkte, daß er einschlief, beeilte ich mich, ihm mitzuteilen, daß wir uns in einer Woche wiedersehen würden und daß ich für zwei Sitzungen nicht da sein könnte. Er antwortete nicht. Ich wechselte ein paar Worte mit Mrs. Gardner und einem von Michaels Brüdern. Dann ging ich fort und reiste am nächsten Tag in die Ferien. Drei Tage später erhielt ich einen Telefonanruf von Mr. Gardner. Michael war am Morgen friedlich im Schlaf gestorben.

Hatte er sich gerade diese Zeit zum Sterben ausgesucht? Hatte er das letzte Wort in unserer Beziehung gehabt? Sein Versprechen, daß ich nicht dabei sein würde, wenn er starb, hatte er jedenfalls gehalten.

Hatte mein Unbewußtes auf Michaels Wünsche reagiert und mich dazu gebracht, gerade diese Zeit für meine Abwesenheit auszusuchen, um ihn bei seinem Plan zu unterstützen? Hatte er es so gewollt, um sich zuletzt allein von seiner Familie verabschieden zu können, so wie er es gewünscht hatte? Oder hatte wieder einmal das Schicksal eingegriffen und über die Auflösung der Beziehung entschieden?

Überlegungen wie diese gaben mir Einblick in den für Michael bedeutsamsten Abschied. Ich suchte nach einem Hinweis auf die Frage, ob meine Bedeutung in Michaels Leben den Zeitpunkt seines Todes beeinflußt hatte. Und das tat auch Mrs. Gardner.

Ich glaube, daß in ihrem Fall ihr Wunsch in Erfüllung ging. Wenn es für Michael noch einen Grund zum Weiterleben gegeben hatte, dann nur, um ihr seine letzten Worte zu sagen. Das wurde mir einige Zeit nach seinem Tod klar, als seine Mutter mir folgende Geschichte erzählte:

Zwei Tage, bevor Michael starb, hatte Mrs. Gardner plötzlich das Gefühl, daß er sich ans Leben klammerte, weil *sie* sich an ihn klammerte. »Ich habe Angst vor seinem Tod, und so zwinge ich ihn zum Leben!« Die Selbstsüchtigkeit dieses Gedankens erschreckte sie, und ihr wurde klar, daß diese »Sünde« ihm Leiden brachte. Doch als sie versuchte, mit Michael über ihre Entdeckung zu reden, beruhigte er sie: »Mutti, du kannst alles tun, was du willst. Mach dir keine Sorgen!« Diese Vertrauenserklärung gab ihr eine Menge Kraft, und am nächsten Tag, als sie das Frühstück für Michaels jüngeren Bruder zubereitete, dachte sie: »Michael, du bist vor mir alt geworden. Das ist nicht, wie es sein sollte. Heute werde ich dir sagen, wie sehr es mich betrübt, daß dir das geschehen ist. Heute werde ich es dir sagen.«

An diesem Morgen starb er. Irgendwie wußte er, was sie ihm sagen wollte, irgendwie hatte er verstanden.

Epilog

Viele Male habe ich versucht, Michaels Geschichte aufzuschreiben. Dabei überkam mich die Trauer und ich war nicht in der Lage, meine Aufgabe zu vollenden. Später veränderten sich meine Gefühle. Da ich seine Geschichte mit ihm erlebt habe, fühle ich jetzt, daß ich sie an seiner Statt wiedergeben kann. Und diese Geschichte sollte erzählt werden, denn sie lehrt etwas, sie lehrt vielerlei. Ich denke daran, daß viele Menschen in unserer Welt nur auf das sehen, was falsch ist und woran es fehlt. Wir beklagen, was wir nicht haben und wie wir betrogen wurden. Wir haben Angst vor dem Tod, und dennoch leben wir unser Leben nicht. Michael hat mich gelehrt: Den Tod soll man nicht fürchten, und das Leben soll man leben. Ich hoffe, daß ich den Leser dazu bringe, indem ich diese Geschichte erzähle, und ich hoffe, daß auch er von Michael lernt, wie ich es getan habe.

Seit Michaels Tod sind schon einige Jahre vergangen. In der obersten Schublade auf der linken Seite meines Schreibtischs liegt ein Foto von ihm. Es ist ein Porträt, das kurz vor seinem Tode gemacht wurde. Ich schaue häufig darauf, aber eigentlich ist das gar nicht nötig. Wenn ich ins Spielzimmer oder ins Wartezimmer trete oder wenn ich nach dem ersten Schneefall mit dem Auto fahre oder wenn ich auf der Intensivstation arbeite, dann denke ich an Michael. Wenn ich mit anderen Kindern auf der Station zu tun habe, auf der er war, an dem Bett stehe, in dem er lag, dann sehe ich ihn vor mir. Und oft muß ich an ihn denken, wenn ich ein Kind sehe, das Mut beweist. Wenn ich Mut oder Frustration erlebe — dann denke ich an Michael.

Seine Familie und ich haben seit jenem letzten Winter viel über ihn gesprochen. Zuerst hatte sein jüngster Bruder Angst, in Michaels Zimmer zu gehen und mit seinen Spielsachen zu spielen. Er fürchtete, daß ihm Michaels Geist erscheinen könnte. Ich sprach mit ihm darüber, und wir beschlossen, daß nicht Michaels Geist, sondern unsere Erinnerung an ihn Realität hat. Die Erinnerungen, die wir an Michael haben, sind nicht da, um uns zu belasten, sondern um uns zu helfen — um uns den wahren Wert des Lebens zu zeigen und die Art, wie es gelebt werden soll.

Wir haben viele Erinnerungen an Michael, die ihn uns zurückbringen. Alle Mitglieder der Familie sprachen mit mir über ihre Erinnerungen, und ich erzählte ihnen von meinen. Nachdem ich mit Anthony über Michael gesprochen hatte, begann er von ihm zu reden und mit seinen Spielsachen zu spielen. Mark, der mittlere Bruder, erzählte, wie er und Michael immer durch die Trennwand zwischen ihren Zimmern hindurch miteinander redeten, lange nachdem sie eigentlich schon hätten schlafen sollen. Mr. und Mrs. Gardner erinnerten sich an den Eifer, mit dem Michael an dem »Flußkrebs«-Bericht gearbeitet hatte. Sie erinnerten sich auch an seinen Übermut, an den Spaß, den es ihm gemacht hatte, Mark Ideen in den Kopf zu setzen, die ihn dann in Schwierigkeiten brachten. Was mich angeht, so werde ich immer an Michaels Mut denken — an seine Entschlossenheit, nur an das Positive zu denken, trotz der ständigen Bedrohung seines Lebens.

Mark und Anthony, die nichts von dem wissen, was Michael und ich in der Therapie erarbeiteten, behandeln mich wie einen Onkel, zu dem sie Vertrauen haben. Wir sprechen über die Entdeckungen, die sie gerade in ihrem Leben machen: ihre

Freundinnen, die Schule, die Universität, ihre Hoffnungen und Ziele. Bei meinen jüngsten Gesprächen stellte ich fest, daß ihre Interessen große Ähnlichkeiten mit denen Michaels aufweisen. Anthony begeistert sich für den Tauchsport. Ohne Michaels Studien mit mir zu kennen, hat er Interesse an Meeresbiologie entwickelt. Mark hat entschieden, daß es seiner künftigen Karriere gut tut, zwei Sprachen zu können. In diesem Sommer war er in Quebec und lernte dort in einem Intensivkurs Französisch.

Die Gardners und ihre Familie haben sich weiterentwickelt. Wenn jemand in ihrer Umgebung Kummer hat oder in Schwierigkeiten ist, dann sind sie da, um zu helfen. Eine Zeitlang zögerten sie, aus dem Haus auszuziehen, in dem Michael gelebt hatte und gestorben war. Dann wurde uns klar: Auch wenn Michael tot ist, lebt er in uns fort, wo immer wir sind und was immer wir tun. Er ist sehr lebendig und sehr einverstanden, wenn für uns das Leben weitergeht.

Erfahrungen

Als Band mit der Bestellnummer 61095 erschien:

Eine Frau, die vor zwei Jahren mit ihrer Familie aus
der DDR in die Bundesrepublik übergesiedelt ist,
zieht Bilanz.

Erfahrungen

Als Band mit der Bestellnummer 61093 erschien:

Das erschütternde Dokument einer Leidenszeit:
Ein authentischer Bericht über eine Haftzeit
in der DDR

Erfahrungen

Als Band mit der Bestellnummer 61 124 erschien:

Die faszinierende, bewegende Lebensgeschichte einer Frau, die im Zweiten Weltkrieg alles verlor — und dennoch nicht zur Richterin über ihre Verfolger werden wollte.

Erfahrungen

Als Band mit der Bestellnummer 61 101 erschien:

Dieses Buch, nicht nur aus der Sicht der Alkohol-
kranken, sondern auch aus der Sicht des Mannes
der Tochter geschrieben, ist ein faszinierender
Bericht, der uns alle angeht.